改變人生的全新整頓術，
帶你重新認識自己、梳理人際、
成為更好的人

人生有限，
生命不要浪費在不重要的人身上

人生を変える新しい整理整頓術 人間関係のおかたづ

【作者序】

一次解決人際關係煩惱的方法是什麼

我常在座談會或演講的開頭，對聽眾們說下面這句話：

「我啊，對在座的各位一點興趣都沒有！」

然後，底下的聽眾們接著就爆出哄堂大笑。

不過我會這麼說，基本上完全沒有要博君一笑的意思（好啦！我承認是有那麼一點企圖〈笑〉）。

大家能撥空專程來參加座談會或演講，我自然是由衷感謝。因此無論哪個場次，我總是盡己所能並全力以赴。

但是，**我對眼前各位聽眾的個人事務和人生是否有興趣，與我剛提的感謝和盡力又是兩回事了。**

舉例來說，前來參加座談會或演講的聽眾們，是住在哪裡、過著什麼樣的生活、甚至說這個人是好人還是壞人（？）等，我並不會特別去關心。

總之，無論各位聽眾是什麼樣的人，對我而言都沒有差別。假使是朋友或女朋友，可能會有「我就是喜歡這種人」的喜好也說不定。但我對聽眾們並未懷有這樣的情感，大家就只是我「生命中的過客」。倘若大膽地來玩個換句話說，那麼「生命中的過客」就等同於「路人甲」。

為什麼我會這麼說呢？**這是因為能區分出「生命中的過客」與「非生命過客」這件事本身，可以成為解決人際關係煩惱的最強技能。**

我想有意願閱讀這本書的讀者，大概或多或少在人際關係上都有煩惱吧。

人際關係方面的煩惱形形色色，然而歸根究柢卻非常簡單。那就是「生命中的過客」與「非生命過客」被搞混了。結果就是，我們也打算以重視的態度來對待「生命中的過客」。

我們的人生之所以會在人際關係上受苦，是因為我們採取相同的態度和模式來對待「非生命過客」，以及那些不常見面、不太可能跟我們人生有深入關係的「生命中的過客」。

我們真的沒有必要為「生命中的過客」花太多心思。

只要願意認同這一點，我們的心情就會變得極為輕鬆愉快。

與人們建立關係，即意味著我們得把人生的時間，花費在那些人身上。

請問大家會想把珍貴的人生時間，耗費在「生命過客」的身上嗎？

我想，答案自然都是ＮＯ吧！

因此，首先**要為了自己來使用人生的時間，把「為了自己」放在我們人生的中心點。例如，與自己由衷想交往的人相處、將想做的事放在第一順位**等。

只要這麼做，我們當然就不會花費太多時間，在那些不想來往的人身上。自然而然地，也就沒時間去參加不想去的應酬、或者出席沒興趣的午餐聚會。

因為，**我們的人生時間有限。**

那麼該如何做，才能減少與「生命中的過客」相處來往呢？

答案只有一個，只要**整頓人際關係**就行了。

可是，**幾乎所有的人都不知道人際關係的分類和整理方法。**這是因為沒有一個人會教我們這件事。

因此**本書應該是，史上第一本教導大家如何整理人際關係的書籍。**

本書介紹的方法是，**把人際關係分類到「三個箱子」裡。**只要透過這種做法，即使乍看之下很複雜的人際關係，應該也能像撥雲見日般地一目了然吧！

- **八字不合的同事**
- **就單純是個客戶**
- **有職權騷擾嫌疑的上司**
- **過度干涉我們的朋友**

諸如此類的人，毫無疑問皆可分類到**「生命中的過客」**。

而之所以要把「生命中的過客」與「非生命過客」區分開來，是因為兩者的往來相處模式不同。

對待**「生命中的過客」，就使用「生命中的過客」版本往來**就行了。

儘管如此，當然也不是要做到例如無視對方、正面對決宣布絕交：「今後老死不相往來」、或者是突然封鎖對方的LINE等。

這是一種能**在對方毫無察覺的情況下，自然保有一定距離**的方法。

本書的「人際關係整頓術」，最大的優點在於無需改變對方、或是與對方斷絕關係。我們只要在心中製作「箱子」，然後將他們分類放入就行了。至於存在我們心中的「箱子」，當然也沒必要讓對方知道。

這是個效果非常顯著的方法，幾乎能讓我們的人生達到一八〇度的大轉變。

倘若溯源根本，我們絕大部分的煩惱和壓力均來自於「人際關係」。心理學者阿德勒也說過：**「所有的煩惱都是人際關係的煩惱」**。

舉例來說，若要追究工作上的煩惱，不外乎是「與上司合不來」、「客人的無理要求很煩人」……

如果是金錢上的煩惱，大概會是「自己的年收入比別人低」；外貌身材的話，說不定是「想要看起來比別人年輕漂亮」等，諸如此類的鬱卒。

總而言之，幾乎所有的煩惱都與人際關係互相掛勾。

反過來看，或許可說：**來自人際關係的煩惱一旦消失，我們絕大多數的煩惱也會跟著消失。**

而且，**只要在人際關係的分類和整理上漸入佳境，我們也將能夠受惠於與不可思議相遇的好處。**

當心理負擔愈來愈輕，我們應該就會變得正面積極。

在這層意義上，我想本書將會像一碗心靈雞湯，單只是閱讀，就能幫大家疏憂解鬱。

敬請翻閱篇章領略箇中妙趣。

本書內容架構

Chapter 1

敘述整頓人際關係的必要性，以及我過去在人際關係上極其痛苦的親身體驗。

Chapter 2

分項說明獨創之三個分類箱：關於「生命過客箱」、「結伴同行箱」、「莫名好感箱」，以及應該如何分類「人際關係」較佳。

Chapter 3

本章將解說如何與在第二章中，分類至各個箱子的人來往相處。

Chapter 4

經過整頓後的人際關係，能再建構出何種新的人際關係、以及我們將展開什麼樣的人生等，將於本章裡進行剖析。

Chapter 5

藉由個案研究，舉例說明「什麼時候該使用什麼方法」，並協助讀者瞭解各方法的確能實際運用。

Chapter 6

說明應該如何與我們生命中的貴人：「命定之人」相遇、發展，以及如何把握時機。

【Chapter 3】

應用篇：分類後，我該怎麼和他們相處？

【Chapter 6】

命運掌握在自己手中

Chapter 1

為什麼要整理人際關係？

我們的煩惱有九成來自人際關係

⌛製造出煩惱的「不得不～」

「那個主管一定會過來挖苦人，我的心情就會變得很差……」

「每次遇到左鄰右舍，都得聽他們抱怨，真是累人～」

「聚在學生家長會裡的那些媽友[1]們，說話全都在炫耀，有夠麻煩的！」

來自人際關係的煩惱林林總總。

不過無論是哪一種煩惱，其本質都很簡單。

那就是**煩惱的原因不在「對方本身」，「對方的言行」才是製造煩惱的大禍源。**

「這個人真讓人不爽」、「這個人好討厭」、「一提到那個人，我就受不了」……此時若去追究其中原因，不難發現多數情況都是「對方說的話令人討厭」、「用沒禮貌的態度對待別人」、「行為舉止使人感到不愉快」等，**「對方的言行」會成為焦點。**

也就是說，應該不是主管、鄰居、媽友等人本身令人討厭。

如果我們再試著深入發掘，結果就會發現，原來問題出在「自己」身上。

請大家仔細地思考一下：

「雖然那個主管會過來挖苦人，但就因為他是主管，所以我不得不尊重他。」

「即使親友與自己不合拍，卻我仍然不得不重視這些人。」

「就算覺得不愉快，也不可以把心情寫在臉上，依舊不得不笑容

---

1 媽友：日文為「ママ友（mamatomo）」。媽媽在公園、幼稚園或學校等處，透過小孩認識同樣身為母親的朋友。一譯為媽媽友，本書中簡稱為「媽友」。

以對。」

我們的腦袋裡是不是有上述想法呢？

「對於某一種關係而不得不採取相應的行動」——就是諸如此類的預設思考，在我們的人際關係上製造出煩惱來。

這句話的意思當然不是說，「在人際關係上會有煩惱都是自己的錯」、「自己就是遭遇到不幸的原因」。

我們並沒有不好，而純粹只是「機制」的問題罷了。

傳授「密技」解決煩惱

煩惱人際關係的時候，我認為多數情

煩惱人際關係時
多半會採用的兩種方法
我受不了啦
是有牆擋著還是怎樣…開門～
想要與對方斷絕關係
照我說的做好嗎
我不是做了嗎
想要改變對方

況，大家都會在以下解決方法中二選一：

- 想要改變對方。
- 與對方斷絕關係並逃離對方。

但是，「想要改變對方」並不是一件容易的事，可以說這比登天還難。「與對方斷絕關係」的話確實很有效，不過**事情要是有這麼簡單，我們就不用煩惱了。**

例如：「雖然我跟那位主管處不來，卻無法換工作」、「已經盡量避開那些鄰居了，但也不能因此搬家」等。我們不就因為類似的情況，無法與對方斷絕關係，而覺得煩惱嗎？

本書要傳授給大家的是「第三個方法」，也就是「人際關係的整頓術」。

一言以蔽之，是人際關係的整頓，但不是把人際關係歸零，而是透過**「改變自己本身的意識和認知事物的方法」來整頓人際關係**。

當實踐這個方法時，對於發生在現實世界的絕大部分問題，**我們便能自然而然地瞭解到：「問題在於自己而非對方」**。

然後，我們應該也會親眼目睹到一個現象，那就是對方的態度會變得愈來愈有趣。

只要一學會人際關係的整頓術
"就能看見人際關係中的結構"
然後就可以
"自行選擇人際關係"

【Work】

大家「想整理的人際關係」是什麼？

來吧！現在我們差不多要開始「整理人際關係」了。

首先，把自己調整到這樣的狀態：「我想要試試看整理我的人際關係！」

但假使我們受到以下認知的干擾：「把人際關係拿來整理會不會不好呀？」、「我是不是在做什麼壞事？」、「跟著做了整理之後，會引發不良的後果嗎？」便會無法下定決心執行。

可是只要人際關係諸事順遂，人生就會隨之豁然開朗、快樂幸福。如果一想到能獲得這些真實感受，我們就能夠積極愉快地進行整理。

倘若我們的思考中能產生出上述認知，那麼在今後的人生裡，將永遠能輕鬆自由地選擇人際關係。

1

就個人而言，大家「想整理的人際關係」是什麼呢？是「公司的A同事」、「親戚的B小姐」、「參與那項企畫案的所有成員」、還是「愛干涉別人私生活的C三姑與D六婆」？無論是誰都沒關係，請大家盡量把想得到的人都寫出來。

2

假設大家現在已經整理完了人際關係，那麼之後的人生將會變得如何呢？請盡量貼近現實生活發揮想像，把能想得到的事都寫出來。

痛苦的人際關係只想逃開

⌛ 運用「箱子理論」遠離那些令人心累的對象

本書提倡的「人際關係整頓術」是運用人際關係的「機制」，來與「令自己心累的對象」、「相處起來不愉快的對象」保持距離，然後只和「相處起來舒服的人」維持深入來往。

也就是說，**讓那些令自己心累的對象待在楚河漢界的另一邊，不要越過中線來我們這邊即可。**而這個部分，是我們能夠自己掌握的。

只要愈來愈瞭解實行方法，**我們的人際關係就絕對能變得輕鬆又愉快。**

或許有人會覺得：「真的能發生這種好事嗎？」實際上，本書要傳授給大家的「箱子理論」，重點就在這裡。

費心程度與心理上的距離長度成比例

說不定會有人想說：「整理人際關係這種事，就身為一個人而言是不對的。」但完全不是這麼一回事。

透過人際關係的整理，我們才**能夠尊重對方。**

我們對於親近的人或可以敞開心胸的人，在溝通上往往會有些地方流於草率。

例如，現在就以戀愛關係來思考看看。

剛開始交往的時候，我們會顧慮得比較多，像是頻繁地傳訊息問候、或打電話給對方；而且約會之前，還會事先調查各個餐廳之後再預約等等。

但是交往了一年、兩年、三年……在這當中，聯絡次數不再密集；並且除了重要的紀念日之外，餐廳的選擇也不如先前那麼用心。

這樣並沒有哪裡不好，只是彼此的「距離縮短」了。

從反面來看，如果距離拉遠了，就會有所「顧慮」。別人對待我們的時候會比較留意，除非有必要，否則他們不會越過楚河漢界。

簡言之，我們與難以應付的對象之間，只要築起這一層關係即可。

然後，**我們只要對相處起來舒服的人敞開心胸，並跟這些人維繫關係就好。**

而能夠實現這種距離感的，正是「箱子理論」。

⌛ 有注意到超載了嗎？

英國人類學者羅賓・鄧巴（Robin Dunbar）的研究中敘述道：「若

根據人類腦袋的大小來看，能夠維繫穩定人際關係的極限，大約是一百五十人。」

這一百五十人的數字稱為**「鄧巴數」（Dunbar's number）**。鄧巴同時還將人際關係分為「四層」，其結構如下：

第0層　重要摯友（約5人）：在人生出現危機時奔赴前來襄助、真正緊要關頭時提供金援、能夠傾訴祕密的關係。

第1層　親密朋友（約15人）：平日裡一起混的閨密死黨。

第2層　一般朋友（約50人）：有聚會時來訊息邀約的朋友。

第3層　公約數朋友（約150人）：有

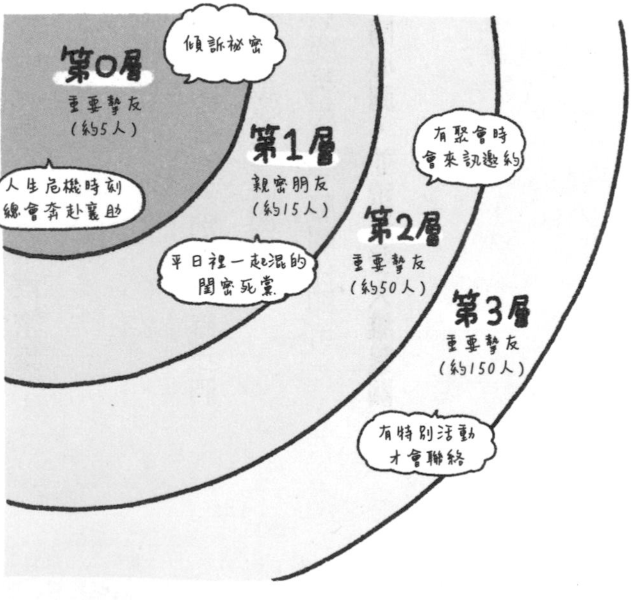

特別活動才會聯絡的朋友。

不知道大家的手機存入了多少位聯絡人？是數百位嗎？或許有人還超過一千位也說不定。

或許由於現代社會社群通訊軟體發達之故，**人際關係的範圍也跟著膨脹到超載的地步。**

正因為如此，我們才需要進行「人際關係的整頓」。

我的真實故事：①被粉碎的夢想

⌛我已經親身證實「整頓」的效果

現今的我，在人際關係上幾乎沒有煩惱；對我來說，人際關係變得有意義。因此我不僅積極地，而且也已經能夠按照適合自己的情況來調整人際關係。

無論是和家人、工作上的同事還是朋友等，我都與他們建立了能創造出樂趣而非壓力的關係。從這一點開始，我的工作領域也隨之逐步拓展，並接連產生出一種良好的同步性。

就以本書為例。本書的基礎是整理自我的一些靈感，靈感則來自於我在開網路直播時，與觀眾們一起互動的對話內容。

我和角川出版社擔任本書編輯的尾小山小姐合作時，兩人處得就像是好朋友，開會討論時的氣氛也是一片和樂融融。

其他的專案或企劃等，也幾乎都是如此。與我共事的都是「想和堀內一起合作進行某些事」的人。

現在我**無論在任何事物上都做得很愉快，工作如同玩樂、玩樂就像工作，已無清楚界線區分。**

總是一味隱藏真實想法的昔日人生

那麼我單純是因為天生好運，所以才能夠不斷地遇到氣味相投的人，或是相處愉快的人嗎？

事實上並非如此。

以前的我總是反覆地被困在人際關係中，這也是我接下來要分享的故事。那段期間，我還曾遭受過霸凌。從小就很在意別人對我的看法，**不希望自己被別人討厭、被認為是個怪人等想法一直束縛著我。**

當時的我始終覺得，被別人討厭就等於失去了自我存在的價值。為此，**我總是察言觀色，更無法說出自己的真實想法和心聲。**比如說，當別人問我「你將來想做什麼」的時候，我脫口說出的並非是自己的真實想法，而是能博取「那真的很不錯呢」、「很棒喔」別人認同的答案。

因為我不希望自己在說出真正想做的事之後，讓別人覺得我是個「怪咖」或「詭異的傢伙」。

⌛一次都沒挑戰過就放棄的夢想

我以前很喜歡繪畫。

讀小學的時候，我還能夠自在地說出：「我喜歡畫畫」。每次畫畫時，班上的同學都會讚美說：「你畫得很好耶！」讓我覺得很開心。

升上國、高中時，我也開始喜歡畫一些漫畫和動漫。可是當時有些人會認為，那看起來很宅或很古怪。由於我太過介意被人家這麼批評，於是便私底下偷偷地畫，當然也沒有讓父母親知道。

即使我後來也有意想報考美術大學，但就是無法對父母親說出口。

父母親對於繪畫和藝術也不甚認同，那時他們給我的感覺是：「與其有空閒畫畫，倒不如多念一點書。」因此我總是表面上假裝念書，私底下則是在畫畫。

然而一升上高中三年級，就必須決定將來打算讀哪一間學校，但我就是遲遲無法對父母親說出自己的想法。一直拖到秋天都過了，「差不多要提出入學申請書」的時候，才首度表明自己「想考美術大學」。**父母親非常震驚。**因為在此之前，他們從未聽兒子說過任何一句「我想考美術大學」、「我對繪畫有興趣」之類的話。

結果，在父母親極力的反對下，我放棄了考取美術大學的念頭。**總是介意他人的眼光、將自己束縛在別人評價中，到頭來，我錯失了發展自己興趣的機會。**

於是我改弦易轍，把升學重心轉而放在文組大學。然而第一志願落榜，只能去讀有考上的學校。

在這種情形下展開的大學生活，我絲毫提不起一點勁。結果，就在煩惱自己想做什麼、將來要如何發展之中，迎來了畢業。

我的真實故事：②社會中的老鼠賽跑

⌛ 怎麼一生都活在介意他人的眼光之中……

大學畢業之後，我進入一家公司擔任SE（系統工程師）。**可即使成了上班族，我依舊活在介意別人評價的日子裡。**

當時的我一心以為，努力工作博得好評，才能做自己喜歡的事。我的想法是，只要做出成績便能取得發言權。如此一來，不但在上司面前說話會比較有力，指導下屬也能無往不利。

不過，倘若照著這種思考方式，**只要還有頂頭上司存在，我就永遠無法從「別人的評價中」跳脫出來。**

如果要做自己真正想做的事，我就必須不停地往上爬：課長、部長、事業部長、取締役（董事）、然後是社長——這簡直跟《富爸爸，窮爸爸》

中的老鼠賽跑沒什麼兩樣。

難道接下來的**四十年，不小心活久一點的話就是五十年，我始終都要被綑綁在誰的評價、或監視的目光中度日嗎……**

這樣的話，我的**一生不就與自由無緣了嗎……**

進入公司工作大約一年後，當我察覺到這一點時，思緒中只能充滿絕望。

逃至他處也無法自由

「再這樣下去不行！」懷著強烈危機意識的我，打定主意**「要去不會被別人評價的世界」，於是我辭掉工作自行獨立。**

然而即使獨立出來，仍有其他「人際關係」的煩惱在等著我。

幸好在獨立開業不久後，我馬上就爭取到大公司的企劃案並簽下契約。可是在**現實立場上，我變成了那家公司員工的「工具人」。**

雖然獨立之後沒有頂頭上司，但這次換成了若沒能得到客戶的好評，我就會沒收入。**縱使離開了公司，我依然無法從「別人的評價中」逃出去。**

⌛該做的事多如山高，想做的事卻一事無成

處在這種日子當中的我，某天突然靈光一閃。然後便把當時手上正在進行的工作和案子，試著全部都寫出來。

接著再嘗試從中去思考，自己想做的事到底是什麼。

這下我傻眼了，因為寫出來的項目裡，沒有一樣是我想做的。

那時我已經獨立開業兩年了，但沒想到每天汲汲營營的工作，皆不是發自我內心想做的事；全都來自於他人的委託，處理的均是沒特別想做卻還是承接下來的工作。

當我發覺自己的行動原則，竟只是為了「回應某些人的期待」、「想

要獲得某些人的好評」時，內心不禁為之愕然。

總歸一句，**來自別人的評價就是我人生的全部。**

縱使環境改變了，我仍然跳脫不了人際關係的綑綁和框架……當時我的精神狀態，在某個程度上已被逼到窮途末路。

接著，我爆發出一種想法。

我試過了！「人際關係歸零再重新開機」

重要的人只有十四位

某天早晨，正當我要起床的時候，我整個人動彈不得被困在棉被中非常痛苦，感覺就像遇到了鬼壓床。

當下喉嚨只能發出「嗚嗯⋯嗚嗯⋯」的聲音，但在腦海裡閃過「我受夠了！」的瞬間，有些想法砰砰地噴飛出來，內心也跟著嘶吼道：

「夠了，這樣的人生真令人厭惡！」
「到此為止，我絕對、再也不要受這種苦！」
「全都丟掉好了！」

等到終於能爬起來的時候，**我馬上開始著手「全捨離」**。現在正在進行的、與我有關的人事物，我下定決心全部捨棄歸零。

首先，是手機裡的通訊錄。即使當時通訊錄裡有四百筆以上的聯絡人資料，但我**一口氣全刪**了。

刪除的標準是：「半年內一次也沒連絡過我的人」。如果在大半年內都沒連絡過我，那麼之後不會來聯絡的可能性也很高。

於是我照著這個標準，一筆一筆地確認、一條一條地依次刪除下去。

在半年內一次也沒有連絡過我的人當中，還包含了父親。

要不要刪除父親的手機號碼，難得地讓我在過程中猶豫不定。雖然我跟父親的感情並沒有特別地好，但絕對沒有不睦的情形。況且我還會定期回老家省親，兩人碰面時也是父子閒話家常。

不過，當時的標準是：「半年內一次也沒連絡過我的人」，因此我就照著自己訂下的標準，也把父親的手機號碼刪了。

同樣的，我也刪除了弟弟的手機號碼。然後堂表兄弟姊妹、姨舅伯嬸等親戚，凡是半年內一次都沒連絡過我的人，均一視同仁全部刪除。

然後是國高中時期與大學時代的朋友、還在公司工作時的同事和主管、獨立開業之後成為我客戶的人，也均基於「半年標準」刪除掉了。

結果，**手機裡的號碼只剩下「十四人」**。

⌛那日以後的預定全部空白

接下來，我把已排入**電子行事曆中的行程，也全部歸零成為一張白紙。**

會這麼做的原因是，無論出於自己的意願或配合他人的方便，行程表被一堆莫名其妙的預定給埋沒，我看了心情就惡劣起來。

所有的討論會議、與別人的見面約定，亦全部跟著取消。

我的想法是，如果我與對方的關係會因此結束，那麼我們的緣分就到此為止；倘若對方真的重視我們雙方的關係，那麼緣分應該是切不斷的吧！

我還向周圍的人宣告說：「我會一個月不看郵件。」並且刻意不排入新的預定。

因為當時的我考量到，依照我的情況，還是有可能又會接受來自他人的委託。況且，要是真的有非我不可的緊急事件，對方大概會使出奪命連環 Call 吧！

⌛ 從社群 APP 咒語的束縛中解放

手機中的社群媒體 APP 也全被我移除，保存在電腦瀏覽器中的社群書籤亦然。

通訊和信件軟體也一樣刪了。

我當時早上一醒來，第一件事就是點開社群 APP 來看。只要這麼做，自然就能看到某個人的動向。

所以無論是社群媒體或郵件 APP，皆是「他人的」通知和資訊，然後自己也自動自發的隨之起舞。我思考後覺得，這就是我們人生受他人控制的原因。

況且法律上並無明文規定：訊息不可以已讀不回、信件一定要回覆才行。這原本只是對方為了自己方便，而要求我們這麼做；結果我們又自以為必須那麼做才可以。

於是我判斷，我們沒有必要去遵守那種不成文的規定。而且假使真有人一定要聯繫到我，那麼他大概會用盡一切手段與我聯絡吧！

⌛含淚放手各件物品

名片也是全丟掉，一張不剩。如果我把人際關係都付諸流水了，要名片又有何用。縱使裡面有曾經關照過我的人、重要客戶等人的名片，但我還是丟了。

我的想法是，假使不看名片就不知道聯絡的人是誰，那麼我應該也不會去連絡這些人。

接下來是電子郵件。包括**收錄在郵件 APP 裡的信件地址，我照樣全刪了。**收信後經過一年以上的郵件也都刪除了。因為放了一年以上的郵件，我首先就不會再去讀它。

過去的照片也全部被我處理掉。從小時候到高中、大學時代社團的照片等，一張不漏。**信件也一樣都丟掉。**來自朋友、父母、親戚寄來的信等，舉凡收在書桌裡的信，我也全部丟棄。

別人送的**禮物、紀念品、伴手禮**等也一樣捨棄。過去這些禮物和伴手禮，即使用不到或興趣不合，但我仍基於「人家特地送來」、「要是丟棄會對人家不好意思」、「這是手作的」等理由而保存下來。離開前公司之際，同事們寫上祝福的一些彩色小卡紙，我雖然不忍心下手，但最後還是丟了。

⌛ 創造思考自身事物的心理空間

在徹底捨棄那些手機號碼、電子郵件、照片、信件、紀念品等之後……結果，我不僅**整個人清新舒爽，心情也特別輕鬆。**

此外，比心情感受更重要的是，我終於能夠清楚地看見「自己真正需要的關係」。那是從「這個人不能刪，他／她對我很重要」當中瞭解到的。

也就是說，我已能夠區分該位人士對自己而言，是「生命中的過客」還是「非生命過客」。而我先前的這番作法，無異就像是人際關係的整頓。

同時我決定，再也不要讓非真正需要的人事物進入我的心中。

此後，每認識一位新的人物時：「這個人，我就用這樣的關係來往」、「那個人，我們就一起做這些事」等——我已經能夠從最初階段，就決定好某種程度的交往方式標準。

不管何人、無論是他或她，我都不會再將這些人放入自己心中，而會保持適當的距離。

因此，還發生了不可思議的事情。

在我內心產生了一個空間，讓我得以擁有從容的餘裕。

在此之前，人際關係對我而言盡是些：「對我有什麼要求」或「對我有什麼期待」。不過從那個時候起，**我開始能以「自己想怎麼做」，而非「對方希望我做什麼」的觀點來看待人事物。**

當這個空間產生了之後，我的人際關係一下子變得很輕鬆。

雖然對方應該還是照著之前的感覺與我相處，但由於我**自身的改變，毫無疑問地，與別人來往時也因此變得容易多了。**

期待
欲求
妳什麼時候回家？媽媽好擔心！
我說那個啊——
我的飯呢——？
嗚嗚…
偶爾寄封mail給我吧～
那就偶爾聯絡一下好了
只在週末見面吧
下次約會前妳多加油喔！

不再是對方希望我做什麼，而是自己想怎麼做

⌛即使歸零再重新開機也完全不會有困擾

我跟別人提起刪除、捨棄，再重新來過的事情時，對方問我說：「你這麼果斷地把那些聯絡方式都刪掉，難道之後不會覺得困擾嗎？」

從結果論來說，我一點也不覺得困擾。

也因此在我的生活中，幾乎沒有那些不再來往的人。

在此稍微補充一下，對方並不知道我刪除聯絡方式這件事。

這和所謂LINE的「封鎖」並不相同。

終歸只是「我不會主動聯絡」而已，並非斬斷我與對方的緣分。

所以，如果我想和學生時代的朋友見個面，我們就會見面；我也一樣會回老家，跟父母愉快地閒話家常。工作方面也會變得比較有效率，倒不如說還更加順利。

若真要說有沒有困擾，就唯有大學時代死黨打電話給我的那一次。大學時期，這位拜把兄弟常來我家過夜，我們會一起出遊，甚至一起去面試打工。

但是畢業後十多年來，他來電的次數不但屈指可數，後來也漸漸再沒聯絡，所以我才會刪除他的手機號碼。

當時他打給我的時候，因為不知道是誰打來的，於是我直覺反應問道：「那個……請問你是誰？」電話那頭的他大吃一驚：「啥啊！你不知道我是誰嗎？」聽到他的聲音之後我才想起：「啊啊～是某某某呀！」這件事才圓滿落幕。

「情緒之後」的反思

對於經過先前那番歸零再重新開機，心情變得身輕如燕的我，如今回想起來，才覺得**當時的全捨離真是做得太過火了。**

若能從人際關係綑綁的痛苦狀態中掙脫出來，這個方法固然很好，但只要改變「自己心中對關係的定義」，基本上無須做到那種地步也是可行。

重點在於「自己的內心」。

我們完全不用跟對方開誠布公：**「我們兩人的關係，我已經做了〇〇的改變」**、**「我決定以後我們就以〇〇的方式來往相處」**等。

即使對方並未改變，但只要自己有所改變，仍然會在彼此的往來上變得比較順利。

簡言之，我們只要在自己的心中重新看待關係並且改變定義，人際關係本身自然就會跟著起變化。

⌛運用「三個箱子」即可解決一切

我根據前述經驗整理出一套方法，稱之為**「箱子理論」**。每個人都能運用這套理論，馬上開始簡單地重新歸納人際關係。

「箱子理論」是把人際關係放入「三個箱子」裡，以利進行整頓的一種作法。

這套「箱子理論」的最大特色在於，我們無須抹滅或放棄實際存在的人際關係也可行。

在現實世界裡，不會有尷尬不睦的事情產生。我們只要在自己心中，即可整頓人際關係，也就是僅僅改變我們心中的接受方式和情感。

而且**對方根本就不會發覺，自己竟然已經被整頓了。**

然而有趣的是，當我們本身的情感和接受方式改變之後，對方的態度也會跟著開始改變。

所以到底「箱子理論」是什麼樣的理論？人際關係又要怎麼整頓才好？接下來的章節將逐一為大家介紹。

1 請寫出最近這一個月，大家花最多心思進行的事、做過的事、參與過的事、活動、工作等。

2 請從寫出來的事情當中，將「無法不做的事」、「為盡義務而做的事」、「別人要求自己做的事」，用紅筆圈起來。當大家看著那些被圈中的事情時，請問有何感觸？

Chapter 2

分類篇：動手吧！整理我們的人際關係

你的「箱子」是什麼樣的箱子？

只要人生在世，箱子就會無限增加

我們會在無意識之中，把每個人分類到「關係的箱子」裡。

例如：「這位是我的父親」、「那位是我的主管」、「這個人是我的部下」、「那個人是我的客戶」、「他／她是我的小孩」等。我們把這些人貼上「標籤」後，接著便會分類到貼著相同標籤的箱子裡。

而且隨著年齡的增長，新的箱子也會不斷增加。

首先，我們會看著人生中最先遇到的雙親，然後製作出「人類箱子」、「社會箱子」和「夫妻箱子」。

我們會把每個人放入「關係的箱子」裡。

然後看著父親時，便會製作「丈夫箱子」、「父親箱子」；看著母親時，則會製作「妻子箱子」、「母親箱子」等。

開始上學的時候，我們又會跟著繼續製作「朋友箱子」、「學校老師箱子」。

出社會之後，「同事箱子」、「主管箱子」、「客戶箱子」等，新的箱子接二連三地創造出來。

如果結了婚，我們便會把原先是男女朋友的人，放入「丈夫箱子」或「妻子箱子」裡。之後說不定還會有「小孩」的箱子，而且也會因為結婚製作出「岳父母／公婆箱子」、「姻親手足箱子」吧！

不認識的人也會放入箱子，所以也會有**「他人箱子」**。

「關係的箱子」上會貼著標籤

⌛你的「箱子規則」是什麼？

我們**如何對待已放入各個箱子中的對象，其準則即為「箱子規則」。**放入「同事箱子」的對象，我們會以這種方式來相處；倘若是放入「主管箱子」裡的人，我們將用那種方法來應對。其他還有如何對待「夥伴箱子」或「小孩箱子」等人的各種情形。

「箱子規則」**事實上在很多時候，我們從一開始就已經決定好了。**以「丈夫箱子」、「妻子箱子」來說，很多人在婚前階段，就已經用諸如「所謂的丈夫、妻子會是如此」之類的定義來決定了。

而且對於放入「丈夫箱子」、「妻子箱子」的對象，很多人可能會制訂——必須做這樣的行為舉止、一定要為他／她做某些事、有必要用這個來讓對方高興等等的「丈夫箱子規則」、「妻子箱子規則」。

也是事先有了這一類的規則之後，關係才得以成立發展。

「主管箱子」亦然，同樣會有「要以這樣的態度來應對」、「假使收到那樣的指示，就得用這樣的方式來回應」等等的規則。

理所當然地，對於「他人箱子」裡的人，我們也會採用「他人箱子規則」來對待。

根據「關係的箱子」裡放了哪些人來制訂規則

「箱子規則」使我們受苦

然而在「箱子規則」裡，隱藏了一個很大的問題。

那就是我們不會以個別人品、人性、對方持有的價值觀和世界觀等來看待對方。當我們「把對方放入某個箱子」裡時，我們就被囚禁在那個箱子的規則中。

現在就用「客戶箱子」一起來思考看看。

假設有一個人成為我們工作上的客戶，那個人自然就會被我們放入「客戶箱子」。由於客戶箱子有一條「放入客戶箱子裡的人，必須用這種方式來應對才行」的規則，所以我們便會順從規則來應對那個人。

如此一來，**無關乎那個人的個性如何、或大概擁有什麼樣的價值觀，最後我們都只看得到那個人的「客戶」身分。**

我們只看到他是「箱子」裡的一個成員，而不是那個人本身。

成為社會人士之後，箱子也陸續多了起來。當我們將某個人分類到某箱子時，進行判斷的資料中，並沒有放入「那個人的個性」或「與自己合不合得來」。

這麼一來又會如何呢？

- 跟自己合不來的人
- 滿肚子壞水的人
- 討厭的人
- 難搞的人

讓我們持有上述負面情感的對象仍會進入某個箱子中，一直定居在那個箱子裡不再被移動。

舉例來說，現在有個「合不來的人」、「討厭的人」進到了「主管箱子」裡面。

同時假設主管箱子有以下規則：無論何時對主管**「都必須客客氣氣」、「要笑臉迎人」、「不能違逆他／她說的話」、「不可以反駁」**等，那這樣會造成什麼後果呢？

諸如此類的規則，就是讓我們在人際關係上感受到壓力的最大原因。

大部分情況，對方不會只放在一個箱子，而是會被放入多個箱子裡

例如年長的男性主管會同時被放入三個箱子中來應對

#【Work】

我的「關係箱子」有哪些？

現在就運用這一份自我評量，來掌握我們手邊有哪一類「關係的箱子」吧！

一般而言，我們並不會意識到箱子的存在。大部分的情況下，我們甚至不會發現自己受到箱子的影響而且還被牽著鼻子走。

透過接下來的思考與書寫，即可讓「關係的箱子」現形。藉此，我們不但能夠和箱子保持距離，同時也得以選擇應對方式。

1 請大家寫出平常來往相處的主要幾個「關係的箱子」。

2 這些「關係的箱子」裡都放入了什麼樣的人？請試著條列出來。

3 我們對這幾個箱子有什麼樣的印象？這些印象使我們受到什麼影響呢？請把想到的印象和影響寫下來。

防止放錯「箱子」的方法

⌛別再用他人訂立的規則來過日子了吧？

那麼「箱子規則」是怎麼產生的呢？

事實上，幾乎所有的「箱子規則」**都是在「他人訂立的規則」影響下產生的，例如父母、學校老師、社會和常識等，並非全出於我們自己。**

簡言之，遵守「箱子規則」就等於**使用他人的規則來過我們的日子。**

也就是說，**我們不僅活在他人的規則之中，還會因為他人的規則而忍耐或妥協。**

- 🕘 無論對方說些什麼都不可以擺張臭臉。
- 🕘 即使是合不來的人也要笑顏以對。

- 就算覺得討厭也不能把討厭說出口。
- 不行遲到。
- 不能把氣氛搞砸。
- 不可以不喜歡別人。
- 一定要順從尊長。
- 主管指示要做某件工作就必須去做。
- 務必回應他人的期待。
- 重視父母和弟兄姊妹是必然的。
- 倘若受過別人的好處，就要回報那份恩情。
- 假使某人有困難，就得提供幫助。

這些全都是他人的規則。

正因為這些規則，所以才會衍生出無法自由行動、心累難受、痛苦不能自拔、拒絕不了等情況。

縱使覺得別人的拜託很討厭也無法拒絕、不想照應對方卻還是得伸出援手、面對難搞的人仍然要和顏悅色……諸如此類的事情就是會不斷發生。

但這並非是對方的錯，也不是我們自己的錯，全都是「箱子規則造成的」。

「如果是這些事情，可以對放入這個箱子裡的人說」、「若是放入那個箱子裡的人，就不可以說這些事情」——就因為有此類規則存在的緣故，我們嘴巴能說的話也會跟著改變。

舉例來說，我們想對主管表達「那不一樣」的意見。然而，要是我們的心中有「不可以違逆放入主管箱子裡的人」之類的規則，就會無法把意見說出口。

之所以會變成如此，是因為我們**始終注視著存在於自己心中的「箱子」，而非「對方本身」**。

結果就是，**我們受控於自己選擇的「箱子規則」**。

「箱子」是我們肉眼看不見，平時任誰也意識不到之物。

只要出現新的人際關係，我們就會自動地把對方放入箱子裡，然後依照那個箱子的規則與對方來往相處。因此，「為什麼只要一面對這個人，我就會緊張畏縮呢？」、「為何我無法表現出真實自我，隨心所欲地行動呢？」即使我們察覺到這些問題點，卻依舊想不出其中緣由。

相反地，「為什麼我在這個人面前，會覺得很輕鬆自在呢？」、「為何我面對這個人，便能夠展出真實的自我呢？」這時的我們仍然感到困惑。

⌛放錯「箱子」煩惱接踵而至

即使是同一個人，箱子的種類也會有所改變。

例如從普通朋友升格為男女朋友，後來又恢復成普通朋友的時候。此時，對方就會被我們從「朋友箱子」移轉到「男／女朋友箱子」，然後又重新放回「朋友箱子」。

結婚也是如此。

原本放在「男女朋友箱子」裡的人，接下來會移轉到「妻子箱子」、「丈夫箱子」中。如果生了小孩，又會新增加「媽媽箱子」、「爸爸箱子」。

於是，我們會再根據對方被「放入的箱子種類」與其相處，而其中的辛苦程度也會隨之變化。

就像後述這種情況：明明當「普通朋友」時，兩個人相處輕鬆無拘束；然而成為「男女朋友」之後，在關係上卻產生壓力。沒想到分手重回「普通朋友」身分之後，又能自在的相處了。

還有某些情況是，當男女朋友的時候一切順利；然而結了婚各自進入「妻子箱子」、「丈夫箱子」之後，兩個人的關係卻陷入痛苦或產生感情不睦等問題。

對方就像一面鏡子。

但對方並沒有錯。自己之所以會痛苦、會心累，全都出於**自己定義的「箱子（的規則）」**。

【Work】

定下自己的「箱子規則」

那麼現在就來釐清，我們實際上有哪些「箱子規則」。

在我們尚未意識到「箱子規則」時，對它是束手無策。不過一旦我們有了自覺，就能夠改變。

經由回答以下問題，規則的內容即會自行浮現。

1

目前主要使用的「關係的箱子」有哪些？請寫出四個以上。寫出的內容與第 58 頁相同也無妨，或者是新想到的也 OK。

2

每個「關係的箱子」各設定了什麼樣的規則呢？請將箱子的規則條列出來。

人生的必然——遇上討厭和不喜歡的人

「箱子」本身若是壓力來源，無論放入誰都會成為壓力

人際關係的問題來源是「箱子」，而非對方本身。換句話說，即使**「箱子」的內容全部都替換掉，但只要「箱子規則」仍然存在，問題依舊無法解決。**

舉例來說，假設公司的A主管是我們的壓力來源。

現在A主管部門異動，調派來了另一位主管。但是，如果這位新主管又被我們放入了**「主管箱子」的話，我們和他之間的關係依舊會充滿壓力。**

為何會有這種情形？那是因為「主管箱子」本身所設定的規則和價

值觀，就是會成為我們的壓力。

同樣地，假使「男女朋友箱子」是我們的壓力來源，那麼不管誰是男女朋友，我們仍然會感受到壓力。因為「男女朋友箱子（的規則）」本身就已存在壓力。

「要是與這個人分手，我應該更能享受戀愛帶來的快樂！」假使某人在這樣的想法下與舊愛分手再和新歡交往，但是又將新歡放入「男女朋友箱子」。最後同樣是步入痛苦深淵，陷入惡性循環。

應該也有人在戀愛中，因為重複相同模式而不斷失敗吧！

若以女性為例，就是某些女性**每回一定都會愛上「渣男」**。這是因為該名女性在「男朋友箱子」中，設定了「放入渣男」這條規則。

所以並非是對方渣，而是該名女性遵循：「因為放入男朋友箱子裡的人是渣男，所以自己必須以應對渣男的方式來對待他。」這條規則行動；**結果，對方最後就變成了「渣男」。**

只要有那只「箱子」存在，縱使與舊愛分手再和新歡交往，也只不過是重複相同的事情罷了。

為什麼主管總是惹人厭？

假設我們有一只「尊長箱子」。

而且那只箱子還綁定了類似「不可違逆尊長」、「尊長說的話必須絕對服從」的規則。

於是，我們就一直以為對方是不可違逆的，對方總會使用強烈的措辭命令別人。

接著假設對方以「這件事情要不要進行，我希望你／妳照自己的意思來決定，你／妳覺得如何？」這樣的語氣措辭，確認我們的意見想法。

在旁人聽來，這種措辭方式很稀鬆平常。但是，因為我們自己設定了「不可違逆對方」的規則，所以在我們聽起來，對方的話就會像是一句「我說你做就對了！」的高壓命令。

因此，我們就只會覺得對方是個講話粗暴、採取高壓手段的強硬派。

但這也是「箱子」造成的。

假設對方真的以強硬的措辭下達命令。

然而，對方不管對誰講話是否都一樣粗暴，實際上也未必是如此。

比如對方與一百個人相處，並且對每個人的態度都很差。雖然這有可能是個人修養問題，但我們卻不會這麼認為；大部分的情況下，我們只會覺得「他／她就是對我特別強硬」、「他／她只針對某人採取高壓手段」。

我們之所以會這麼覺得，是因為**對方觸碰到我們的底線「越界」了。**

越界的起因是對方一直以：**「就算我越界踩線，這個人也會接受，所以隨我愛怎麼說都行」**之類的想法看待我們。所以，這是一種距離感的問題。

會有這種問題，也同樣肇始於「箱子」。但對我們來說，箱子是看不見的，所以只能以為「對方是粗暴又討厭的人」。

⌛ 他山之「箱」可以攻錯

某些人會經常抱怨：職場的人際關係真難搞。

主管嚴厲、與同事合不來、部下把話當耳邊

風、客戶蠻橫無理等……。

但即使那個愛抱怨的人跳槽去新公司上班，他／她還是一樣會繼續抱怨相同的事。

新公司依舊會出現嚴厲的主管、合不來的同事、把話當耳邊風的部下、蠻橫無理的客戶。

這種現象依然可回歸到「箱子理論」。

跳槽之後，明明人際關係（箱子的內容）全都替換過一輪了，但是「主管箱子」、「同事箱子」、「部下箱子」、「客戶箱子」的規則照舊沒變，因此過去的舊戲碼才會再次上演。

聽朋友吐苦水時，我們有的時候是不是會覺得：「這個人不管和誰交往還不是都一樣」、「就算他去了另一家公司，大概也會和之前相同吧」——這種模

距離感的問題：
就算改變對方或斬斷人際關係了，
會因此得到解決嗎？

式簡直就是被「箱子」綁定的最佳代表。

然而，要看見他人的箱子容易，但想看見自己的箱子卻沒有那麼簡單。

直視自己「箱子」的勇氣

⌛只要看得見箱子，就能看見失敗原因

假設我們因為難以看見自己的箱子，而在人際關係上有所煩惱；**但如果讓這些我們持有的「關係的箱子」現出原形，那結果又會如何呢？**

倘若我們能看見：「原來那個人被放在這一類箱子呀！」便能瞭解到，我們煩惱的原因不是出自於那個人，而是因為「自己把那個人放入了某一類箱子，所以才會對他／她產生出某種情緒」。

所以只要看得見箱子，便能清楚瞭解我們與對方的關係。

舉例來說，原本是普通朋友後來升格為戀人，可是兩個人卻處得不好，現在就拿這個例子一起思考看看吧！

首先假設「朋友箱子」裡，有「互相尊重彼此隱私」的規則；「戀人箱子」裡，有「兩個人的約會預定必須要擺在第一位」的規則。

然而，假使某一方的「戀人箱子」裡卻沒有前述規則，那麼或許：「我們明明都在交往了，為什麼他／她都不把約會擺在第一位呢？」類似的不滿就會因此增加吧！

即使自己很重視兩個人的約會時間，但對方就是不這麼想……於是彼此之間，便產生出心意落差的情況。

不過只要瞭解到：「他／她會這麼做，大概是因為戀人箱子規則的關係吧。」就能看見「兩個人處得不好的原因」了。

⧗ 製作量身打造的箱子

大家現在應該已經明白，人際關係帶來的痛苦，既非對方的錯，當然也不是我們自己的錯；僅單純是個機制問題，亦即是「箱子」引起的問題。

然而原因明明在於「箱子」，但卻因為我們看不見箱子，所以才會想方設法地去要求或改變對方。

這麼一來的話，就算天荒地老了，人際關係依舊無法理出頭緒。

那到底要怎麼做才好呢？

答案只有一個。

重新改造箱子，將箱子改造成我們覺得舒服的感覺就好了。

首先把箱子歸零，接著重新開機，然後再製作新的箱子。我們要製作的是符合自身規格，專為自己量身打造的箱子。

由於這些箱子是專為自己訂製的，所以會和「把人際關係分類到箱子」這項作業同時進行。然而我們的人際關係，卻也會因此豁然輕鬆、心境亦隨之好轉。

我們自然也不會將時間虛擲在忙於應付生命中的過客與相處不來的人。

為了能充分保有與真正合得來的人、重視的人一起度過的快樂時光，我們一起藉由箱子的重新製作，來更改人生藍圖的設計吧！

箱子像生物一樣會不斷增生

但不需要銷毀箱子

不用改變對方
也沒有關係！
我呢—？
你先待在
那裡—
我可以出來嗎？
這是妳的
新箱子—
用不著
斬斷彼此關係
也是可行！
戀人
生命過客
主管
家人
結伴同行

只要重新製作自己感覺舒服的箱子就好！

開始分類，邁出新的一步

把我們的箱子改造成三個！

現在就來製作我們人際關係要用的新箱子。

新的箱子是三種「距離感箱子」。

請想像我們的前方有三個空箱子。

⌛第一個箱子：生命過客箱

這個箱子放的是：**來往時會講客套話的人、自己難以應付的人、想保持距離的人**；也就是把我們不太有興趣的人，全都放進去。

不知道該如何分類的人，也能暫時先放在這個箱子。

⌛第二個箱子：結伴同行箱

這個箱子放的是：**一起相處時令我們覺得開心的人、風趣的人、感覺會想再見面的人。**

也就是會讓我們想與其共度歡樂時光、一起享受出遊和參與活動的人。

例如：「和這個人的話，就可以一同從事那些活動」、「聊某一方面的話題」、「一起共度○○時光」等，當我們思考能否產生出上述樂趣的時候，也就能清楚地看見，自己想和對方建立什麼樣的關係了。

⌛第三個箱子：莫名好感箱

這個箱子放的是：**不知理由為何，但自己就是會莫名在意的人、牽引自己感覺的人。**放在這裡的是一種難以言明的關係，在具體的條件、對將來的想像、要一起創造的事情等都尚未明朗之前，我們就已經沒來由地被對方吸引了。「一見鍾情」的人，當然也是放入這個箱子。

自己明明沒有特別的事，卻會不由自主地想連絡對方，並且還實際付諸行動。這個箱子，放的就是會引發我們做此類舉動的人。

⌛ Don't think, Feel!

現在就把我們的人際關係，分類到這三個箱子吧！

從舊有的箱子中取出人際關係，然後重新分類到三個新的箱子。

請把圍繞在我們周遭的人際關係：

賦予全新意義的三種「距離感箱子」

生命過客箱

來往時講客套話的人、想保持距離的人、猶豫時姑且暫放的人

結伴同行箱

放入令人覺得關心有趣、會想再見面的人

莫名好感箱

放入那些沒有理由、但自己就是會莫名在意的人

家人、朋友、公司的同事和主管、左鄰右舍、親戚、有相同興趣的夥伴……**凡是想得到的人全都要進行分類。**

這項分類工作的**最主要重點是以「感覺」來作業。不要用頭腦思考，憑著靈光乍現的感覺進行分類就OK了。**

「那個人雖然人很好，但在某一點上就……」

「因為這個人在各個方面都很照顧我。」

如果像這樣東想西想的，感覺就會跑掉。

我們愈是有所顧慮，「舊箱子」的影響便介入得愈多。**淡薄情感的機器化作業方式，也是分類工作的祕訣。**

⌛試著感受內心的溫度計

分類工作的另一項重點是，**我們內心的溫度**。所以，我們要試著去感受心中的那支「溫度計」。

例如當我們一想到某個人，那內心的溫度會帶給我們什麼樣的感覺呢？

如果是「只要想到他／她，心窩會感到舒緩」、「有溫暖的感覺」等情形，那麼放入「結伴同行」或「莫名好感」箱子的可能性就很高。

相反地，即使想起了某個人，可是我們內心的溫度沒有上升或下降時，那就該放進「生命過客箱」裡了。

⌛平心地重新看待從舊箱子取出的對象

首先在我們的意識中，把某個人從他／她至今所待的舊箱子中取出，並且將他／她視為**「生命過客」**。

此時這個人既不是我們的配偶，也非父母親、朋友或主管等，就單純地把他／她當成一個「普通人」看待。

或許有人會覺得：「在意識中進行，這樣有意義嗎？」但只要試著去做做看應該就會發現，我們的感覺出乎意料地改變了。

在這個階段，有些人心中會湧現迷惘或罪惡感——「把這些人拿來分類好嗎？」特別是關於親友、家人、經常碰面的人、關照過我們的對象等。

如前述情形，**迷惘或罪惡感的產生，即是我們受到「箱子」強力束縛的最佳證明**。連要把對方從意識中的箱子取出來，甚至都能感受到出於我們自己的抗拒，就表示我們一直受到箱子的影響。

倘若我們能夠成功地將非常親近的人，從箱子裡取出來的話，要分類其他人就會顯得更加簡單。

從舊箱子裡取出某個人之後，要重新放入三個新箱子中的哪一個好呢？大家可以運用一下想像力。

把對方從箱子裡取出的這項作業，我們無需對任何人提起，只要在我們的思考中執行即可，對方也不會有所察覺。

這感覺是？
溫度逐漸冷卻……
心窩暖暖的……
內心的溫度計

普通人
主管
明明平時
很照顧我的
而且還會
請我吃午餐
明天
也會見面
抵抗感

假使對方是我們真正重視的人，此時我們便會清楚地知道他／她對我們的重要性；同時也能夠讓彼此的關係，朝著更好的方向修正。

在剛開始進行分類工作的初期階段，也許會發生行動力低落、或是想推遲、拖延等狀況。此時，可以把這項工作想像成是在打電動或玩遊戲，放開心胸大膽的去做做看。

即使最初會感到困惑，但照著本書的步驟循序作業後，便會感覺神清氣爽，心情開始變得輕鬆起來。

在分類上猶豫了！該怎麼辦？

⌛不知如何分類就放入「生命過客箱」

在分類工作持續進行時，有時候我們會發生迷航的狀況：「這個人要放入哪一個箱子裡好呢？」

如果不知道如何分類，就暫時先放入「生命過客箱」吧！

放進去之後，接著按照下一章的「『人生過客箱』：如何與這種人相處」來實行看看。實行過程中，要是覺得「或許我還是想多跟他／她來往」、「想和這個人一起相處」的話，那麼再重新放入別的箱子就行了。

雖然我們將對方放入了「生命過客箱」，但也不是恆久不變，而是可以視情況修正的。

簡言之，大概的做法就是把不知如何分類的人，暫時先放入「生命過客箱」；若感覺自己有意想跟對方共度更多時光，再把對方移動到「結伴同行箱」即可。

最重要的是，不知道如何分類的時候，千萬不可以放入「莫名好感箱」。

如果我們這麼做的話，**可能會導致人生一團混亂。**

這個部分也會在下一章說明。要是我們對錯誤的對象敞開心扉，說不定會因此衍生麻煩、或是讓自己受到傷害等。

所以在分類工作上徬徨的時候，還是暫且將對方放入「生命過客箱」，先觀察一陣子再說。

在平心靜氣客觀地觀察之中，我們的思緒便會慢慢地釐清。

如果後來的感覺是：「這個人果然還是放在生命過客箱就好了。」

那麼就維持放在原處不變。倘若是：「這個人的確有點不一樣。」此時，再重新移動到「結伴同行箱」即可。要是：「感覺上，這個人還是跟我有許多共通點。」這個時候，才可以把對方放入「莫名好感箱」。

對於放入「莫名好感箱」的對象，我們的心是不設限的，因此不時會有付出太多、無法保持適當距離感等傾向。

因此，**為了能刻意保持距離，就暫且先將對方放入「生命過客箱」，透過這個方式，我們才能心平氣和的冷靜看待對方。**

⌛萬般全能的「權宜之策箱」

「可是要把這個人放進『生命過客箱』，我還是有抗拒的感覺。」進行分類工作時，說不定也會有人這麼覺得。

例如，對自己有恩的人。像是在我們非常艱困時期提供援助的人、以前關照過我們的人等。

其實，就算某些人以前曾經幫助過我們，但是把「生命中的過客」放入「生命過客箱」並沒有什麼不好。只是突然間要這麼做，大概會有心理障礙吧！

如果遇到這種情形，那就另外再準備一個**「權宜之策箱」**即可。把對那個人幫助過我們的感謝、一定要回報給那個人的感恩等，全都包含在內，一併暫時存放在這個箱子裡。

「A某在那個時候為我做過這些事」、「B某以前在這個地方很照顧我」、「C某當時給過我這樣的建議，真的很感謝」等，此類會讓我們情感泉湧的對象，建議大家也一起打包起來，先放進這個箱子。

此外，**若把情感上的「好惡」帶入分類工作中，作業將無法順利進行。**

所以，在作業過程中若出現好惡情感時，就還是先將對方暫時收到「權宜之策箱」吧！

接下來的作業方式和「生命過客箱」一樣，以客觀的態度觀察對方的狀況，然後再把對方重新放入合適的箱子。

把「生命過客箱」視為一個起點

大家在進行分類作業時應該會發現，有非常多的人被我們放入了「生命過客箱」。

這個世界上的人，基本而言都是「生命過客箱」裡的人。整座城市中的市民、學校社團裡的成員、公司的所有員工、全國人民等，均屬於「生命過客箱」裡的人。因此在作業初期階段，就算**把所有人全都放入「生命過客箱」也是ＯＫ！**

在那之後，我們再把覺得特別的人取出來，另外放到別的箱子就好了。

不知道大家的人際關係在重新分類之前，分類作業順序該不會剛好與現在逆向吧！

或許是因為大家一直以來，都很珍惜自己周遭來往的每個人。但是其中，漸漸地會有一些「這個人好像有點麻煩」、「真是難搞」之類的人出現。

正因為從「每個人都很重要」這個出發點開始，才會導致人際關係一團亂。

要是從「生命過客」的觀點出發，**我們不但能在心情上輕鬆無比、神清氣爽，還可以從這個立足點看見「真正重要的人」。**

「生命過客」無關乎愛

在分類工作上會成為我們最大問題的，就是家人和親友。

雖然前文也稍微提過了，但是**「把父母親和孩子放入『生命過客箱』沒有關係嗎？」**特別是這一點，會使人覺得不安也說不定。

答案是ＯＫ的。

就算是父母親，但假使相處起來會讓人心力交瘁，那他們就是「會讓人感覺心累無力的對象」。

縱使是我們寶貝的孩子，但如果會讓我們感到有壓力的話，那他們就是「會帶給自己莫大壓力的對象」。

所以，將他們**放入「生命過客箱」的做法是正確的。**

而這個做法，**與「愛」的有無是兩回事。**

對於分類父母親和孩子這件事情，我們之所以會產生抗拒感，是因為他們在人際關係上是非常親近的親密對象。倘若以逆向方式思考——**正因為關係極為親近，所以這段親情有可能在人際關係的壓力來源中占了絕大部分。**因此，還是暫時先把感情放一邊，繼續進行分類工作吧！

為了能與家人親友建構出最佳關係、展望更美好的未來，所以才要把他們放入「生命過客箱」。

【Work】

打造專屬自己的「三個人際箱」！

大家目前是不是都已經明瞭這「三個箱子」的分類訣竅了呢？

現在我們就實際來運用看看！把這項分類工作當成遊戲來玩玩看，是遊戲中的密技之一。我們只要運用想像和思考，並在紙上寫出來即可；完全沒有必要告知對方，或是讓對方知道這件事。無須有所顧慮，大膽地進行分類吧！

1 首先準備好紙張或筆記本，然後畫出三種箱子：「生命過客箱」、「結伴同行箱」、「莫名好感箱」。

2

苦思冥想，憑著感覺把目前以各種形式來往的人，分配到自己覺得三個箱子中「最適合對方」的那個箱子。分類的訣竅之一是不要想太多，憑著靈光乍現的思路進行。如果有令人迷惘的對象出現，請先放入「生命過客箱」裡。要是有不管如何都無法分類的對象出現，就先收到「權宜之策箱」吧！

Chapter

3

應用篇：分類後，我該怎麼和他們相處？

建立豐富的人際關係

只要將現在的人際關係整頓到「三個箱子」，我們便能夠發現此前沒有察覺到的、或者一直被自己忽略的情感。光僅僅如此，就足以令人感到相當舒暢。

不過，當然並非「分類完成即告結束」。從今以後，要如何與放入這三個箱子裡的人建構何種關係、如何相處來往等，現在已成為我們最主要的課題。特別是，要怎麼跟放入「生命過客箱」裡的人相處，將成為一大問題吧！

因此，我將會在這一章中介紹「相處來往的方法」，說明要如何與放入這三個箱子裡的人相處，並加入自身的經驗作為例子。

「人生過客箱」：①應對進退法

徹底刪減心力與時間的花費

與「人生過客對象」相處來往時，**最主要的重點在於：「把接觸減至最小和最低程度」。**

若對「人生過客對象」用心，我們**愈是花費時間、消耗心力在他們身上，就愈會感到精疲力盡。**

總之，最好將「人生過客對象」供在遠處為宜，並盡可能地刪減在一起的時間和關聯性，亦即把接觸點「限縮在要事上」。

同時要懂得切割，**來往時僅考量「自身利益」就行。**我們只要決定好：**「只在這個部分的利益上與這類人士接觸」便OK了。**

單是能夠這樣考量，應該就可以減輕大部分的壓力。

倘若想要斬斷彼此的關係，不但得花費額外的心力，還有可能因此衍生一些弊病，例如在工作上蒙受不利等情況。

但假使把彼此的接觸點限縮至最小，我們的作法不僅不會被對方發現，如再運用後文提及的「假面角色來往」，甚至不會有動氣起糾紛的情形發生。

明確界定要做與不做的事

為了要把接觸點減至最低，我們要自行決定一個準則。

不過，**與其決定「最好不要有所關聯」，倒不如「決定關聯點」，並同時別在「關聯點」以外有來往。**

假設公司的主管屬於「人生過客對象」。於是在工作場合中，就算我們表面上發揮客套手腕與主管交流，但也要制訂「婉拒應酬」、「不提私人事務」之

人生過客箱
表面上客套交流
有點討厭，但人還不錯
不知道放哪個箱子的對象
盡可能把接觸減至最低，
減少接觸點、集中關聯性，
用自己決定的角色與其
相處來往

類的「心中一把尺」來實際運用。

同樣地，若某位媽友也屬於「人生過客對象」，那麼就以「接送孩子遇到時禮貌性地寒暄一下，避免和她去喝茶吃午餐等。」來應付就行了。

又比如父母親一樣進入了「人生過客箱」。此時，我們可以搬出去住，只在過年、清明節等重大節日回家探望，這麼一來相處時間就能限縮在數小時內。倘若與父母親同住的話，也可以刻意運用不一起吃飯、盡量不待家裡等方法。

只要能決定好準則，我們在應對這些「人生過客對象」時，便不會有花費太多心思、消耗額外精力在他們身上之虞。

果斷把心捨棄

與「人生過客對象」相處來往的另一個訣竅是：**「別放入真心」**。心意和感情等什麼都別放入，也就是要把心捨棄。

對於那些我們想保持距離的人、覺得難搞的人、不喜歡的人，難道有必要放入「真心」嗎？我們也沒特別感興趣那些人以後會如何，而且一旦太過接近還會導致壓力產生等，均是一些只會使我們蒙受其害的人。因此，**真心和寬待皆是不必要之物。**

與被放入「人生過客箱」裡的人交際時，最關鍵的重點就是——自己有沒有辦法「別放入真心」。

「人生過客箱」：②減少接觸的訣竅

⌛戴上假面，做好角色扮演

那麼，決定好了「最小和最低程度的接觸點」時，再來要怎麼做會比較妥當呢？

即使最低程度已經決定好了，大概還是會有人覺得在那個點上與對方接觸時，依舊會感受到壓力。所以接下來的內容將為大家介紹，把壓力抑制到最低的相處方法。

應付「人生過客對象」的相處方法——就是「角色扮演」。像演員一樣發揮演技，代入某一類角色來應對就可以了。

也就是針對某一對象，我們要戴上不會造成對方困擾、並且最不消耗自身心力的假面面具，扮演最不會感受到壓力的角色來應付對方。

現在我們就來設定：「只要面對那個人，我就扮演這種角色來應對。」

角色設定情境例舉如下：

🕘「心情瞬間變天發飆的主管」→**「平時就阿諛奉承讓主管常保好心情的馬屁精角色」、「左耳聽右耳出的耳邊風角色」**。

🕘「專挑別人毛病的煩人鄰居」→**「小事全不在乎的神經大條角色」、「無動於衷漠不關心的角色」**。

- 「動不動就傳訊息來還要求回覆的人」、「愛 Line 一些使人心情沉重訊息的人」→「**不看手機的角色**」「**回訊息溫吞的角色**」。
- 「毫無顧忌干涉個人私領域的前輩」→「**離群索居的角色**」、「**享受一個人世界的角色**」。
- 「頻繁邀人參加不感興趣聚會的點頭之交」→「**有社交恐懼症的角色**」、「**興趣活動預定滿滿的大忙人角色**」。
- 「里民自治會中愛說無聊閒話的人」→「**外表親切但沒內涵的草包角色**」、「**一問三不知的角色**」。

只要能在最初階段就設定好角色的話，之後就能自然而然的演繹。

倘若能夠演得好，在人際關係上可謂是得心應手。

請大家務必樂在其中，讓自己成為超級巨星。

⌛臨機應變任意轉換角色

此時的重點在於，根據面對的對象不同，臨機應變地轉換角色。簡單說就是**要有自己的分身，而且七十二變都沒關係。**

不過，對於這種根據對象改變態度、以表面工夫與對方相處的舉動，說不定在有些人的心裡會覺得彆扭。

這個時候，我們可以用下面的思考方式來化解：

那個人是放入「人生過客箱」裡的人。意思就是，那個人只不過是我們人生中的路人甲。

倘若費心去顧慮對方，便意味著我們把心力消耗在「可有可無的事情」上了。

就算僅維持表面的淡泊之交，但只要這樣能夠減少我們所承受影響：被逼迫、受擺佈等因素，並且又能與對方順暢的溝通，從結果論來看，我們的人生反倒因此變得更豐富了吧！

所以，**根據對象不同改變自己的態度很重要，這終究也是為了要把我們的負擔和痛苦降到最低。**

⌛不要入戲太深，客觀從容扮演即可

說到這，說不定也會有人覺得：「自己實在演不來」、「沒有自信能夠配合不同對象扮演各種角色」。

基本上只要一意識到「必須要演得好才行！」那麼演不好的意識就會愈來愈強烈。

但與其說是「演戲」，倒不如想成：「將自己設定在這個角色以應對他人。」只要能這麼想，就不會有問題了。

請大家思考一下，我們生活在這個社會當中，多多少少不都有「角色扮演」的成分在內嗎？

面對客戶，我們扮演的是「店員」、「業務員」；面對主管，我們扮演的是「下屬」；面對父母，我們扮演的是「孩子」……而且每一個角色我們都演得很自然。

然而到目前為止，我們之所以會演出這些角色，應該不完全是照著自己的意思做，多少是有受制於他人價值觀或準則的成分在。正是這一點，讓我們耗費了莫大心力，結果導致心累。

因此那不是我們要的，現在要做的是**「有意識地角色扮演」**。

此時，「無需入戲太深」是我們的演出重點。要扮演的「角色」不是「我們本身」，但入戲太深、放入情感又會使自己痛苦。所以別忘了以客觀的態度，輔助自己擁有「我正在演戲」的明確意識。

可以想像成自己正穿著玩偶裝或戴著面具，說不定**在演出上能感覺好些。**

「人生過客箱」：③無用之用

⌛角色扮演意外地可行

修正了與「人生過客對象」的相處方式後，對於那位對象，我們此前的行為舉止有時候也會產生改變。

例如下面的情況：

🕘之前說過的事，現在已不會再說；相反地，之前沒說過的事，現在開始會說了。

🕘以前會承受的事，現在開始能夠拒絕了。

🕘截至目前為止明明都一直保持沉默，不過現在已經能夠堅定地表達：「這個請讓我自己做。」

但很意外地，周遭的人都沒察覺到這樣的改變。即使我們心中覺得，自己在人格上似乎起了極端的變化，**然而表現出來的態度卻沒多大改變。**

如果有些人會擔心變化過於劇烈的話，那麼可以**試著慢慢地自然轉變，並與之保持距離。**

特別是到目前為止，我們會主動強迫自己去配合的對象，更是要慎重地花時間，來拉開彼此的距離。

「人生過客」不等於「無用」

縱使前文提過，我們和「人生過客箱」裡的對象相處時，接觸程度要限縮到最小……，但與「人生過客對象」的交往，是否完全無益、都沒有價值呢？真要說的話，事實並非如此。

「人生過客箱」裡還是會有一些產出。

因為「人類社會」的絕大部分，就是以這個「最低限度的社交」構成的。

舉例來說，在路上錯身碰到附近鄰居時會打一下招呼、購物時與店員們的簡單對話、偶而跟公司其他部門的同事聊天等。

即使我們與對方沒有深入交往，但**正因為有這一層關係，社會運作才得以成立，我們的生活也才能夠獲得支持。**

我們的社會原本就是透過人與人的聯繫而得以成立，其中大部分的人均是「人生過客對象」。所以「人生過客箱」裡的人際關係，仍可說是我們需要的關係吧！

因此我們要有一個觀念，「人生過客箱」裡的人際關係是難以勝數的，和「人生過客箱」裡的人來往**能維持我們的生活。**

如何與「結伴同行箱」的人相處

⌛樂水三千只取幾瓢飲

接下來是「結伴同行箱」。這個箱子有些部分，比「人生過客箱」還要難處理。

那些部分就是，即便我們和某個人在相處上的某個瞬間發生了麻煩事，也無法把他拿來比照「人生過客」處理。也就是說，就算不想拿出真心與對方相處亦不可得，或者是拒絕不了一些討厭的事。

正因為我們珍惜與對方的關係，才會希望彼此相處起來是舒服的。所以，此時就有必要區別想一起相處的部分、以及不想共處的部分。

首先我們來思考看看，和對方在一起的時候，**「會**

結伴同行箱
如果一起去○○的話會很開心
在接觸點之外沒有回應也OK
能一起創造快樂的對象
要清楚分辨會讓自己覺得開心和不開心的事。增加快樂的共度時光，減少不愉快的相處時間，先觀察看看後續會產生什麼情況

讓自己覺得開心的是什麼」。

同時也逆向思考一下，「會讓自己覺得不開心的是什麼」。

例如以下情境：

- 雖然有時候與對方在一起吃個飯、喝點小酒很開心；然而一旦相偕外出旅行，卻覺得彼此有很多地方不合拍以致無法盡興。
- 在個人愛好的話題上趣味相投無話不談；但對方有時候很脫線（約好的時間遲到、借了東西不還等），使人想避免與他／她一同外出。
- 對方博學多聞教導自己很多事、很令人敬重；但不知道為什麼，對方有時候心情會突然間惡劣起來，讓人覺得難以相處。
- 如果與對方相約吃午餐，總覺得快樂時光稍蹤即逝；可是對方酒品不太好，所以不想和他／她一起參加晚上的聚會。
- 相較於他人，與對方在工作上的商討十分意氣相投；但只要一聊到私人話題，空氣中便瀰漫著尷尬氣氛。

諸如上述情形，在與對方來往時，要是能從中清楚分辨出「會讓自己覺得開心的是什麼、和覺得不開心的是什麼」，便能把**接觸點僅限縮在「覺得開心的部分」**。

然後**捨棄掉「覺得不開心的部分」**。

即使是人生路上想「結伴同行的對象」，但也**沒有任何必要連討厭的部分都一起分享；或甚至剖心掏肺地將內心深處的事，全傾訴給對方知道。**

雖然也有些人在與別人相處時，會想要「剖心掏肺地傾訴、一股腦兒地說出心底話！」可是，倘若對所有人都這麼做，不但會使自己精疲力盡，還有可能招致麻煩。

每個人皆同時擁有多個面向，就算對方是我們交心的閨密或死黨，但要他們去承受別人的所有心事也是一種負擔。

無論關係再怎麼親近，彼此之間仍各有隱而不宣的面向：「如果知道了這個部分，就沒有辦法自在地與對方相處（＝正因為不知道，所以才能自在地相處）。」等等，人與人來往時大概也有這麼一面吧！

不管是誰，在私領域上都有不想被觸及的地方；要是被別人侵入，壓力便因此而生。

即使是平日裡來往相處愉快的對象，我們仍會有不希望對方觸及自己心中最敏感脆弱的想法。

所以，我們該做的不是毫無保留地將自己全盤托出，而是要試著去「找出開心點」，也就是**「在某個點上與對方共處時，自己是最開心的！」**

⌛不分「異」、「同」都享受，快樂即倍增

與「結伴同行箱」裡的人來往時，決定**「要共享什麼？」**是一件很

重要的事。

例如：「和A某的話，就一起打兩人都有興趣的網球」、「與B某的話，可以一起開心地喝酒」、「C某則是旅行時的夥伴」等之類的情境。

當我們的意識中存有「只共享快樂時光」的時候，就能夠**逐漸增加與「結伴同行對象」相處的快樂時間。**

而且快樂時光以外的部分，還會漸漸地減少。

那種感覺大概會是：「一起打我倆都有興趣的網球，但不去吃飯或喝咖啡」、「一起去享用美食邊走邊吃，但不會找他／她談我的煩惱」等。

清楚知道了要共享的事情之後，自然就能看見想與對方做的事、見面的場所、以及何時見面等。

如果能夠明白自己想要獲得什麼，便可充分享受兩人一起進行的活動；並且也能減少相處時，漫無目的東遊西逛的虛擲光陰。

雖說是共享，但在事物的感受或接受度上，各人的觀點仍會有所不同。因此，與放入「結伴同行箱」裡的人來往時，要有尊重差異的意識和對方溝通，如此一來，相處的快樂必能大幅增加。

「得寸進尺」是禁忌，要敏銳覺察關係的變化

不過仍有一點需要注意，那就是我們對於能夠一起共度快樂時光的對象，**很容易得寸進尺**。

一起共度時光之後，期待也就很容易跟著膨脹：「如果是跟這個人的話，從事其他方面的活動必定也會過得很愉快。」

然而一旦過度期待，在不知不覺中，與對方的距離就會變得過於靠近，以至於衍生出造成負擔的風險。

因此我們要時刻記起，**無論對方多麼地令人愉快，倘若沒有拿捏好**

彼此的距離感，最後仍然會不開心。

正因為如此，所以能否確實地意識到「覺得開心的是什麼」、「覺得不開心的是什麼」就變得很重要了。

現在來假設一個例子，我們把學生時代的朋友放入了「結伴同行箱」。兩個人的感情也不錯，畢業後仍不時見面吃飯，也會一起參加活動或來個小旅行等。

可是畢業經過五年之後，卻產生了相處起來不盡興的狀況；感覺上兩個人漸行漸遠，即使見了面也聊不太上來。

其實，人際關係的性質並不會永遠相同，**任誰都有可能覺得膩了、在興趣上發生變化，更遑論已物換星移。**

我們在看待放入「結伴同行箱」裡的對象時，要與對方做什麼事情並不重要，重要的是「在一起時能不能覺得開心」。

假使兩個人相處起來怎樣都不合拍、感覺上頻率就是不對的時候，也無需勉強對方一起行動，先觀察一下情況再說吧！

⌛整體「開心」就OK，無需盡善盡美

放入「結伴同行箱」裡的人大多會是複數的吧。我們與每個人的關係，應該就像與不同人從事不同活動一樣，各有各的開心愉快，分享的事物也不盡相同。

雖然「結伴同行箱」裡，分別存在著興趣、玩樂、美食、活動等各種享受快樂的相處方式，但是我們仍要試著從全面來看才對。

大家應該發現了，我們的人生之所以多采多姿，是由於和放入「結伴同行箱」裡的人建構了關係。

就算我們與其中一人的關係，已不如往日般來得開心；但在與其他人的關係裡，**特別是把其中令人覺得快樂的部分拿來當作重心**，如此我

們便能以暢快的心情，和放入「結伴同行箱」裡的人來往了。

相較於一個人獨來獨往，透過與放入「結伴同行箱」裡的人培養出良好的關係，我們人生得到的收穫應該會更豐富無限。

如何與「莫名好感箱」的人相處

⌛「為何會莫名其妙的喜歡」，答案日後才會揭曉

最後一個箱子是「莫名好感箱」。

「莫名好感對象」是我們單純想建立起關係的人，完全無關乎「目的」、「要求」、或者有什麼好處等。

首先，這個箱子的重點是，**「莫名好感」的這一項事實。也就是我們被對方所吸引，因此跟著感覺走很重要。**

為什麼會被A某吸引、為何會想和B某建立關係……此時，即便找不出什麼特別的「理由」也無妨。因為在初期階段，就算刻意想找出原因，也多是無解。

事實上**很多時候，我們與放入「莫名好感箱」裡的對象，會形成一種「共同創造某種事物的關係」**。

當我們把對方放入「莫名好感箱」之後，大概還會另外再製作一個新的「兩人世界的特別箱子」吧！在製作新箱子的過程中：「原來如此，難怪我會莫名地被他／她吸引。」而幡然領悟的亦不在少數。

縱使我們已經明白會莫名喜歡對方的理由，也不

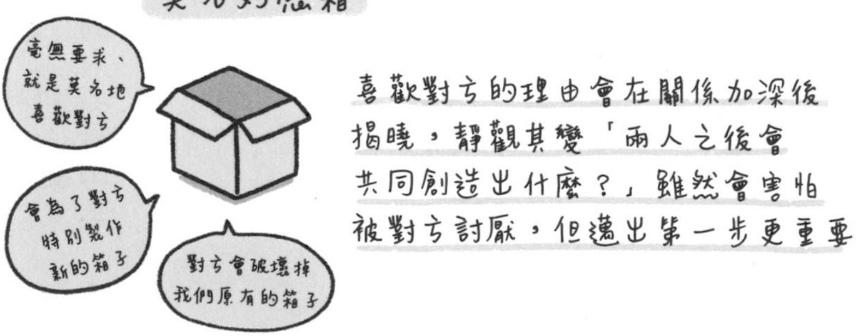
莫名好感箱
毫無要求、就是莫名地喜歡對方
會為了對方特別製作新的箱子
對方會破壞掉我們原有的箱子
喜歡對方的理由會在關係加深後揭曉，靜觀其變「兩人之後會共同創造出什麼？」雖然會害怕被對方討厭，但邁出第一步更重要

用急於和對方發展進一步的關係。

在未能見到「關係確定」之前，我們就心平氣和地靜觀其變吧！氣定神閒地等待數年亦無妨。

所以**於初期階段時，請先享受雙方關係的培養過程、預感以及徵兆。**

⌛與對方共築一段特別關係

對於莫名好感的對象，我們無需把在社會或他人定義下製作的箱子，拿來套用在對方的身上，而是要準備一個「特別的箱子」。那種感覺就像在往來的過程中，**培養一份專屬於兩人的關係、一種特別的關係。**

我本身也在特別的箱子裡，放入了好幾個人。

但我沒有特地讓對方知道，只在心中獨自這麼想並且珍惜對方：「這個人對我來說是特別箱子裡面的人。」此外，我並不介意現階段只有這樣而已。

我會慢慢地花時間，在兩個人之間構築起特別的關係。

如此一來，當關係愈加深入，遲早有一天或許就能置身在「理想的人際關係」裡了！

⌛ 生平唯一，我莫名強烈喜歡的人

接著也要跟大家分享小故事，是關於過去的我，曾經毫無理由喜歡過的對象。

二十多歲找戀愛對象時，我是先把心目中的理想條件列出來，然後再去找符合這些條件的對象。

某一天，完美符合我要求條件的女性終於出現了，而且我們也開始交往。

然而，**原本應該是我的理想對象，卻不知為何**

兩人無法心意相通，在某些地方總是格格不入，結果最後我們還是以分手收場。

能跟如此完美符合條件的人相遇，但關係卻不能長久，難道是自己不適合戀愛嗎？對此失望的我，於是暫時將戀愛封印起來，同時決定要把工作和為了將來的學習放在第一位。

如今我才瞭解，我當時製作了一個「條件的箱子」，而且還有意把對方放入那個箱子。

然而過了一陣子之後，**我遇到了某位女性，那時居然就衝動地喜歡上人家。**

直至今日我的記憶依舊鮮明。和女朋友相遇時，我心中的優先順序竟在一瞬間哐啷崩解，女朋友就是我生命中的全部。再說，豈止只有崩解而已，連順序本身根本不知道消失去哪兒了。

在那之前，我還信誓旦旦的說過：我的人生不需要戀愛！結果卻突然間交了女朋友，讓公司的同事們都覺得很不可思議。

「你到底喜歡她哪一點？」就算別人這麼問我，我也無法具體地回答出一個所以然。因為我在女朋友身上，找不出「哪一點」，這個特定的關鍵點。

後來的這位女朋友，就是我現在的老婆。跟前任女朋友交往時，「我喜歡對方的這個地方」之類的事，我完全能細數道出。可是，對於當時還是女朋友的老婆，我居然詞窮了。

勉強要說的話，就是「她這個人的存在本身」。

當別人問我喜歡她「哪一點」的時候，到現在我還清楚記得，我那時的回覆是：「因為連我的靈魂都感到很開心啊！」

事實上，我那時非常不喜歡靈性相關的思考方式，所以會脫口說出這種話，連我自己都感到很意外。

但是周遭的人居然能夠理解：「喔喔～原來是這樣呀！」如今想來這也很不可思議。

⌛ 暫且擱置心裡的疙瘩

雖然有時候我們有一種感覺：「是不是應該把這個人放入『莫名好感箱』裡呢？」然而心中就是會有疙瘩。

又例如這種情形：有時會沒來由地「非常想和某人說說話」，可是一經深思熟慮後，卻發現這種感覺並非出自於純粹的想法。

通常愈是覺得「對方很特別」，就愈刻意想找出其中意義，好將對方放入「莫名好感箱」裡；但是這麼一來，也就愈無法瞭解箇中的關係了。

原因就在於，**說不出理由的「莫名」，明明應該是這個箱子的重點才對；可是我們卻偏偏拼命地，要去把理由找出來。**

諸如此類的情形，有可能會讓我們陷入一種狀況：兩人愈想加深彼此間的關係，卻因此導致落差產生，而且想修復關係時還得費盡千辛萬苦。

⏳ 就「莫名好感一項事實」已足

前文提到過，「莫名好感對象」的「重點在於感覺」。

但是，這個所謂的「感覺」，卻出乎意料的困難。

例如**與某人來往相處時，如果考量的盡是「我能從對方那裡得到什麼？」也就是只想到「利益」的話，那麼感覺會變得遲鈍。**

接著就像照兩面鏡一樣，我們會開始在意「對方對我們有什麼要求」。隨著這種情形的加劇，就愈想找出證據：自己為何會莫名地喜歡對方？

如此一來，即便對方原本就是「莫名好感對象」，然而我們的感覺一旦變遲鈍之後，便無法弄清楚對方到底是不是。

更甚者，有時不僅會深化自己的猜疑、受到社會意識形態箱子過度的綑綁、對自己沒有自信的同時還無法信任別人等；不信任感的巨大化，也會使我們看不見喜歡對方的本質。

為了不讓自己的感覺變得遲鈍，我們要珍惜「莫名好感」這件事本身。從與對方的關係中，我們要看的並不是能夠得到什麼、要為對方做什麼、對方要為我們做什麼，而是「自己莫名喜歡對方的這個事實」。

關於「莫名好感對象」，第六章另有撰述，請大家一同合併閱讀。

關於「戀愛箱子」

⌛百害而無一利的「戀愛箱子」

進入「莫名好感箱」裡的，理所當然是男女朋友或將來要結婚的對象。

不過到目前為止，幾乎所有人都會把男女朋友**放進「戀愛箱子」**裡吧！

事實上，難題也就在此處。把男女朋友放進「戀愛箱子」裡，會產生許多的煩惱和痛苦。

因為**大部分的情況是，「戀愛箱子」中會被訂下很多規則，而這些規則會導致關係變得複雜。**

舉例來說，有些人的規則是：「戀愛箱子裡只能放入一個人」；另一些人的規則是：「同時有很多人進去裡面也ＯＫ。」

有一些情侶會約定某些規則：「定期約會是必要的」、「每天至少互相聯絡一次」；不過，應該也有人會這麼想：「有需要再連絡就ＯＫ了。」

另外，假使我們的箱子中有這麼一條規則：「交往對象必須等同於納入結婚考量的對象。」此時，我們應該會希望，對方跟自己「交往也是以結婚為前提」。反過來說，當對方跟自己交往不是以結婚為前提的時候，就無法把對方放進「戀愛箱子」。

也就是說，戀愛箱子中制訂的，**全都是「對於對方期待」的規則。**麻煩的是，針對戀愛對象的期待，比起其他關係有更強的傾向。

而且愈是有所期待，規則就會愈加繁瑣。

例如：「希望對方一定要為自己慶祝生日」、「每年聖誕節想要在特別的地方度過」、「希望能定期收到禮物」等，規則將會無限擴增。

⌛「戀愛箱子」的規則是不幸的開始

規則愈是多，能符合所有規則標準的人就愈少。而且一旦進入戀愛關係，當對方無法回應自己的期待時，失望即伴隨而來。

就是有這些規則，讓我們與好不容易相遇的對象之間產生了許多無法契合之處；同時也導致我們會抱有「自己沒有被珍惜」的想法。

例如：對方為什麼不這麼做、要這樣對待我才對吧、應該要很理解我的不是嗎、如果喜歡我不就該為我做這些……，諸如此類沒有被滿足的意念，全都在發酵。

這即意味著，我們一把對方放入「戀愛箱子」，規則就會無邊無際地增加，然後門檻也不斷提高。

對於我們本身亦是如此。渾然不覺的對自己訂下過高的標準，並且因為「不想讓對方失望」，而使自己一直承受著額外的壓力。

所以，就**乾脆把「戀愛箱子」丟棄吧！**

無論是正在考慮將莫名好感對象放進去、或是已經放入「戀愛箱子」了的人，都請先暫停行動、或把對方從「戀愛箱子」裡取出來。

事實上，**把對方從「戀愛箱子」裡取出來，我們才能夠比較從容不迫、輕鬆自在地與對方相處。**

如果能做到這一點，雙方在交往上，絕對會比之前來得更加順利。

接下來，如果我們覺得對方是可以放入「莫名好感箱」裡的人，就請把他／她放進去。

此時，比起理所當然地把對方視為「戀愛對象」，我們應該更能夠客觀坦然地接受自己對於對方所產生的心情。

坦承面對很重要。如此一來，不管是要將想法傳遞給對方，或者是獲得自己希望的事物，從結果來看，都會變得比較容易。

徹底清空「戀愛箱子」吧！

丟掉「戀愛箱子」會比較好的理由還有一個。其實是因為，還真有不少「生命過客對象」被我們放入了「戀愛箱子」裡。

像是基於「因為外表長得很帥／漂亮」、「可以炫耀給周圍的人看」、「出於寂寞」、「急著要結婚」之類的理由，而把「生命過客對象」放進「戀愛箱子」裡的情形也是有的吧！

從「戀愛箱子」把對方取出來，用感覺重新審視彼此關係之後，才發現原來對方只是生命過客。或者藉此釐清一些事情，例如：「之前雖然很喜歡，但現在熱情已熄滅」、以及相反情形：「本來以為已經沒有感情了，但其實自己還喜歡對方的，只因為還陷在吵架的情緒中。」

最重要的一點是，不是要透過「戀愛箱子」來看待對方，而是要用自己的心和感覺才對。

【Column】

「人際關係整頓術」應用實例①

⌛「沒想到把工作上的客戶拿來分類之後，心情竟然變得十分暢快！」

50＋女性　人才派遣公司員工

派遣公司的工作性質，會時常需要與僱主方客戶的 CEO 或管理階層應酬，有時候連下班的私人時間，都是處在工作狀態中。

我的興趣是參加合唱團，不過因為工作繁忙的關係，常常抽不出時間去練習，這也是我的煩惱來源之一。

我不樂見這種情況持續下去，於是決定來試試看整頓人際關係。

就拿我主要負責的客戶A為例。過去為了要與A維持良好的關係，我會陪A一起吃飯或打高爾夫球等。

然而，當我一旦把A從「客戶箱子」裡取出來，並思考要放到哪一個箱子的時候，我才發現，這個人既非「結伴同行箱」、當然更不是「莫名好感箱」裡的人。也就是說，A原來是要放入「人生過客箱」裡的人。

當我發現這一點時，獨自哈哈大笑了起來，但心情也因此變得十分暢快。只因為A是工作上非常重要的客戶，我原先便一直以為「自己喜歡這個人」，但其實內心非常討厭A（笑）。難怪我先前和A來往時，心裡總覺得不痛快，原因可能就在這裡吧……

另一方面，客戶當中還有人被我放進了「結伴同行箱」，這又是個令人驚訝的發現！能夠透過這種方式進行分類，我的心中也因此建立起一個準則；連帶地在工作上與客戶交際時，也變得更加輕鬆愉快了。

有共同興趣的夥伴，我把他們全都放入了「結伴同行箱」；家人和閨密知交，則放入「莫名好感箱」裡。「莫名好感箱」裡只放了三個人，這個事實讓我非常震驚。不過，能因此明白自己真正的想法，也算是一件好事。

從今以後，我不會再偽裝自己的真心來虐待自己了，同時也會珍惜和真正重要的人在一起的時光，因為我希望自己的人生能過得精彩豐富。

⌛「不再和媽友們來往之後，感覺神清氣爽極了！」

40＋家庭主婦兼打工族

我整頓了和媽友們的交往關係。

雖然我們這群媽友團僅有五、六個人，但是大家會經常揪團吃午餐，小孩子們也會互相去同學家玩，所以我過去一直以為自己是樂在其中的。

不過，這次試著整頓了我的人際關係之後，結果發現媽友團竟是我的壓力來源。

當時，我把這群媽友全都放進「媽友箱子」，並且還制訂了一條規則：「必須和這群媽友經常見面，並且維持良好關係。」我那個時候為什麼要制訂這條規則呢？其實是「為了孩子著想」。

在我把她們全部從「媽友箱子」取出來之後，只放了一個媽友進去「結伴同行箱」裡，其餘的人都進了「人生過客箱」。

原來我真正的想法是——與媽友們來往很煩。而且每次的午餐開銷所費不貲，也算是一筆負擔。

於是我刻意增多打工時間，並藉此漸漸地淡出那些午餐和聚會，讓自己成為一個「她最近看起來好像很忙」的人。自然而然地，我就和媽友團拉開了距離。

我同時也理解到，就算我和媽友們沒像以前那麼要好，對孩子也完全沒有影響，所以現在的我過得非常愉快。

其他箱子的話，我把在打工地方和我感情不錯的同事，放入了「結伴同行箱」；「莫名好感箱」的話，我則放入了家人、以及學生時期來往至今的朋友，我想永遠珍惜與他們的關係。

Chapter 4

成果篇：還你一個無壓力的人際關係

分類後的意外發現

⌛視而不見的真實情感

人際關係在經過分類後，我們才得以看見**連自己都沒有察覺的「真實情感」**。

舉例來說：假使我們有一位感情非常好的朋友，直到目前為止，對方都放在「親密關係」的箱子裡。

可是在我們試著重新分類人際關係時，竟然發現自己其實是討厭對方的。此時我們才明白，對方不僅對自己不重要而且還可有可無。分類過程中，有時也會出現這樣的情形。

只因為到目前為止，這位朋友都放在「親密關係」的箱子裡，因而維持著親近關係罷了；事實上我們的真實情感，一直都是拒絕對方的。

在這種情形下**與對方來往時，一定覺得很痛苦吧！**

「從箱子裡取出來」的這個動作，即意味著我們將會察覺到自己怎麼看待對方、以及自身最純粹的心情。也就是說，我們若把對方「從箱子裡取出來」，便能看見自己的真實情感。

真實目的在於發現真正重要的人

尤其是截至目前為止，若我們過去一直都以各種形式扼殺自己的真實情感，那麼進行人際關係的分類作業，真的就會很痛苦。說不定我們會親身體驗到：看見原先不想看的東西、觸碰本來不想觸碰的事物。

「自己明明不喜歡那位客人，只因為對方是採買大戶，所以原先才會以為自己喜歡這個客人。」

「之所以會重視某位主管，只因為對方握有自己升遷和加薪的生殺大權。事實上，對方只是自己生命中的過客。」

諸如此類，那些向來不曾直視的情感，也會隨著分類作業陸續湧現吧！

但對我們來說，這項分類作業的真實目的，並不是要找出「不喜歡的人」或「覺得難搞的人」，而是**為了讓真正重要的人浮出檯面。**

是為了珍惜真正重要的人，所以才整頓我們的人際關係。

每一個人擁有的生命時光都是有限的。**將有限的時間，拿來與真正重要的人一起度過，毫無疑問肯定會更好吧！**

因此以客觀的態度，重新檢視對自己而言是生命中的過客、帶來壓力感的人、無意願共處的人、不喜歡的人等，是一件很重要的事。

為了能讓自己挑選出真正舒服愉快的人際關係，若是迴避這項分類作業的話，便會有所滯礙。所以，**希望大家能拿出勇氣往前邁進。**

⌛我們自己也早已置身在「箱子」中！？

我們如何把人際關係放入箱子裡，已在前文內容中敘述過了。然而事實上，**我們也把自己放進去箱子裡了。**

假設我們有一個「戀人箱子」。於是，我們不僅把對方（＝男／女朋友）放入箱子，還以「對方的男／女朋友」的身分，把自己也放進去同一個箱子。

例如結婚之後，我們會把自己放入「妻子」或「丈夫」的箱子；要是有了小孩，便會把自己放入「母親」或「父親」的箱子；未來如果孫子誕生了，我們還會把自己放入「阿媽」或「阿公」的箱子。

倘若是畢業出了社會，我們就會把自己放入「社會人士」的箱子；開始工作時，還會放入「上班族」的箱子；要是獲得升遷，又會把自己放入「課長」或「部長」的箱子。

從此可知，**我們不只會把他人放入箱子，也會對自己進行分類並放入箱子裡去。**

然而不知道從何時開始，我們在無意識中，被自己身處的「箱子」束縛住了，**並且還有可能自我設限，例如：「必須成為一位成功人士」、「行為舉止一定要符合常識才可以」等。**

我們的人生中之所以會有疲累、辛苦和煩惱的時候，或許是因為**我們把自己塞進了某個箱子**也說不定。

所以，只要客觀思考自己進入了什麼樣的箱子，應該就能獲得脫離煩惱和心累的機會吧！

摯愛們在心理距離上產生變化

⌛分類無可取代的摯愛後，才明白的道理

我重新分類自己的人際關係時，**心中最糾葛的，就是分類自己的妻子和孩子。**

我把妻子和女兒分別從「妻子箱子」、「女兒箱子」取出來的時候，有一種極為深重的罪惡感，當下思緒湧現：要是她們知道我這麼做，不曉得會不會覺得很傷心？

無論是妻子或孩子，對我而言都是無可取代的摯愛。正因為這份關係如此重要，於是我便毅然決然地把妻子從「結婚對象箱子」、「妻子箱子」取出來，然後再把孩子從「女兒箱子」裡取出來。

在我這麼做之後，先前**所謂的「妻子」、「孩子」的關係性質就此**

消滅，她們單純地變成我想「結伴同行的對象」。也就是變成我想一起度過快樂時光的人，若單純說是我「喜愛的人」也可以。

藉著分類，我從中察覺到了自己的「真實情感」：無關乎她們的身分是妻子或孩子，她們就是我喜愛的人、純粹想一起相處的人。

⌛分類後，才懂得要珍惜

當初我把妻子放入「結婚對象」和「妻子」的箱子時，也在這些箱子綁定了「一定要攜手共度人生」的規則。也就是說，我單方面決定：「若今生只結一次婚，我一定要和她攜手共度人生」這條規則。

在我把妻子從「結婚對象」和「妻子」的箱子取出來之後，心中隨之浮出了一種假設性的極端想法：要是有個什麼，也許明天我們就各奔東西了。

若要說我在分類工作的前後有什麼變化，就是**我反而比以前更加珍**

惜自己的妻子和孩子了。

因為我認知到「大家能在一起並非理所當然。」也就是產生了一種有正向意義的緊張感。

從中我還察覺到了一件事：她們有可能會因為我的表現，而從我的身邊消失。

「因為是我的結婚對象，所以在一起是當然的」、「我的孩子和我在一起是理所當然的」……要是大家有類似的想法，那麼便有可能會太過倚賴，或是對這段關係自大自滿起來。

反過來看，「在一起是理所當然」的這種想法，有時或許也會讓我們本身在這段關係中，無意識地逆來順受；而且，那還會把我們自己逼入痛苦的境地。

⌛首度把父母親當作普通人看待

同樣的事情，也發生在我分類父母親的時候。

由於分類父母親的關係，我才開始能夠把父母親當作普通人來看待。「是我的父母親，當然要為我做○○事」的想法不再有，並且變得知道感恩了。

「明明是我的父母，卻不為我做○○事」的觀念也隨之消失，原本一直存在於心中的芥蒂亦不復存在。

「要珍惜父母」不僅是大多數人共通的認知，身體力行孝順父母的人也不在少數吧！

不過，**「因為是我的父母親，所以我要珍惜他們」、和「因為是自己重視的人，所以我珍惜要他們」的想法之間，存在著很大的差別。**

當中的差別在於，**哪一方的行動出於更純粹的思維。**

比如說，帶父母親去溫泉旅行。那麼，「不孝順父母不行」的想法、和「希望我重視的人開心」的心情，哪一個會比較純粹呢？

這也是一旦將他們從箱子取出來，並重新分類後，我們才能看得清楚的事。

讓自己活在「個人標準」中

⌛終於能夠拒絕飲酒應酬了

這一節內容，將會介紹「箱子理論」的應用方法。

我開始使用「箱子理論」之後，人際關係也因此產生了巨大的改變。

在此之前，我是個即使心裡「不想做」，也會察言觀色逆來順受的人。

透過「箱子理論」的應用，我變得能夠表達自己的意志，結果就是：

「原來他是這種個性的人啊！」相對地，對方也開始能夠理解我了。

除此之外，還以尊重的態度來對待我。

舉例來說，以前的我完全無法拒絕應酬的邀約。

一方面我不會喝酒；另一方面，我也不擅長在喝酒的場合中，附和大家說應酬話。

我明明拙於應付這種場合，**卻因為不想破壞大家當下飲酒場合的氣氛，而在一旁堆著滿臉笑容地作陪。**完全沒有樂在其中的我，還是得裝出一副開心的樣子。所以應酬結束後，我總是心力交瘁。

不過，**開始應用「箱子理論」之後，我變得能夠以「個人標準」來考量事情：「這些人對我來說，是屬於哪一種關係？」或者「對自己來說，這樣的場合有什麼意義嗎？」**等等。

最後我才瞭解到——**「我不喜歡應酬作陪。」**

從中我還**確切地明白了一點**，與其將時間耗費在應酬上，我毫無疑問地**更想在自己的人生中，珍惜從事興趣活動的時間、以及與家人相處的時光。**

如此一來，周遭的人不但自然地認知到：「因為他這個人很重視興趣和家人，所以應酬的優先順序在他的心中很低。」從此以後也會尊重我的選擇。

應酬的邀約頻率不但因此減少，就算來找我去參加，也會考量到我的心情才邀請我，例如：「我知道堀內先生苦於應付這樣的場合，但是這次的應酬對你來說會有〇〇的好處，我想你應該會很愉快的。」

⌛總是察言觀色無法推掉工作的往日回憶

無法拒絕的情形也發生在工作上，先前的我不曾推掉任何一件委託。就算我沒意願承接，但只要別人開口：「希望由你來做。」我就會允諾：「好！」然後全盤接下。

因為我總會不時地察言觀色，介意著對方、顧慮對方會怎麼想。

豈止如此，在某些客戶連委託都還沒委託的階段，即使不是我想做的工作，我仍會搶先地積極提案：「您應該在煩惱這件事吧，這是可以解決的。」

「如果我這麼做的話，應該能幫上對方的忙。說不定也能減輕對方的負擔，他們大概會很高興吧！」那時候我將這樣的想法當作工作上的出發點。

對方當然也會有所回應：「你好瞭解喔！就是這樣。那麼，你是願意幫我們囉！謝謝。」

但是，在那當中沒有我「自己想做的事」。所以一旦工作開始進行，我就會覺得非常痛苦。原因是我的判斷基準中，並沒有納入我的好惡。

現在盡是「開心又喜歡的工作」

運用了「箱子理論」之後，我開始知道要突顯自己喜歡又想做、以及拿手的事。相對地，我不擅長的事也能說得出口了。

所以現在**找上門的委託，全都是我喜歡、讓我覺得開心又有趣、有興趣的工作，而非我不在行的工作。**由於大家已經知道我不擅長某些事：「堀內對這一類的案子不在行，所以要找別人做。」因此，自然就不會有人來找我做某些工作。

這當中最有趣的是，我做不來、不拿手、完全無施力點的工作，周圍的人不僅會自動跟進：「堀內先生不擅長這一方面的事務，對吧！那由我來做好了。」還會幫忙接手。

掌握自我改變的成功之鑰

⌛座談會開始了，我竟然還在蕎麥麵屋！

從人際關係的整理中，我得知了一件事：從整頓出發，進一步**透過「自我角色的設定」，我們將能變得更自由。**

就拿我遲到的事來當作例子。無論我怎麼努力，就是會比事先約定的時間晚到。

即使是很重要的會議，我也曾經遲到過一至兩個小時不等。甚至還有更嚴重的狀況。我以前因為在一場重要的專案工作上遲到，結果不但惹惱了對方負責人，連帶那件專案也完蛋了。

不管我**怎麼努力都無法改善**這種情形。我的某一部分，天生就**欠缺時間觀念**這種東西。

有一次我在附近的蕎麥麵屋吃麵，突然接到了一通電話。電話那頭傳來了非常慌張的聲音：「你現在人在哪裡？」原來是座談會會場的管理人員。他繼續說道：

「現在已經有很多客人進到場內了……」

「啥！？」

其實那一天，正是預定舉辦座談會的日子。所以別說是時間了，我連日期都忘了。

而且這種事，還不只發生過一、兩次而已。

由於座談會能跟大家聊上好幾個小時，所以我不但非常喜歡，也是很想做的事情。但是，即便是我在座談會前一天還心情雀躍期待著明天的到來，可是到了當天卻忘得一乾二淨！

⌛即使少根筋，也能受到喜愛

因此，**從某個時候開始，我便積極把這些糗事說給大家聽，並且還開始在社群等媒體公開這些事。**

我這麼做之後，就此樹立了**「完全沒有時間概念的角色」**。

如此一來，這個角色**反倒獲得了人們的喜愛。**

有一位聽眾參加了我那次遲到的座談會，前些日子這位聽眾對我說：

「堀內先生不但大剌剌地在自己的座談會上遲到，還一句道歉都沒有，就若無其事地開始進行活動，當時讓我很震撼。不過，我反倒從那時候開始就成了你的粉絲（笑）。」

一旦成為某個「角色」，即使行事作風從社會常識和一般價值觀中脫軌，很多時候仍會意外地被大家接受。

⌛不去介意別人的眼光，就能活得自由自在

現在不管誰和我有約，對方一定會事前與我聯絡確認。要是沒能在事前聯絡我，甚至還會道歉說：「對不起，今天的活動沒跟你做事前確認。」

寫這一段文字的用意，當然不是要拿來硬凹我的遲到合情合理。我想要表達的是，人際關係一旦經過整頓，我們便不會再介意別人的眼光並且能夠活得自由。結果就是，周遭的人會自然而然地接受：「他這個人的行事作風就是如此。」由此可知，**透過「箱子理論」的應用，我們不僅不會再受別人擺佈，自己的人生亦不會再被他人侵門踏戶。**

倘若我們以模稜兩可的態度來回應對方的期待，那麼對方就會愈期待。萬一期待落空了，對方會因此感到失望，認為事實不符當初所言，感覺到自己被耍而氣憤不平。

愈是迎合社會規範，就愈不能容忍自己偏離了規範，痛苦由此而生。

現在，我們是不是該從那些束縛中解放出來了呢？

因為只要持續使用「箱子理論」整頓我們的人際關係，人生就會變得愈來愈自由。

為人生打造多彩多姿的人際關係

只要聚焦優點，好事就會發生

討厭的人、對自己構成威脅的人，這都能使用箱子理論爽快地解決。

我自己本身是乾脆把討厭的人、對自己構成威脅的人放入「人生過客箱子」以便保持距離，心情也因此變得極為輕鬆無負擔。

除此之外，我還在意識中把這些人設定為「避而遠之對象」；如此一來，自己也就不會去主動靠近這些人。

採取了這些行動之後，這些人帶來的威脅感逐漸消失。

在此之前，我心中明明還有「這些人會傷害我、要危害我」的感覺，但透過人際關係的分類工作之後，**「這些人並不會加害於我」的想法便落實在我心中。**

於是，我**開始能看見對方的優點。**

有趣的是，一旦我們看見對方的傑出和優秀之處，對方更能表現自己最棒的一面。

在我能夠做到聚焦優點之後，即使對方是個風評不佳、特立獨行的人，只要來到我面前，都不會再表現出自己的惡習，進而成為一個好人。「那個人你最好小心一點！」即使對方被人這麼形容，但對方也只會對我展現出好的一面，所以對我而言「他／她是個非常好的人」。

這就是「箱子的魔法」。按照我們怎麼判斷對方、把對方放進什麼樣的箱子，對方的反應也會隨之改變。

利用「箱子理論」脫胎換骨，魯蛇也能成為優等生

我也將這套「箱子理論」，拿來應用在工作中的人才管理。

舉例來說，當我**把對方放入「優秀人才」的箱子，並採用這種觀點來看待對方時，對方就變得愈來愈優秀。**或許用這種方式來形容會比較好，也就是對方會展現出優秀的那一面。

相反地，一旦以「那個傢伙就是個魯蛇」的視角來看待時，對方也會愈變愈窩囊。

這是我過去觀察了某家公司的組織之後而下的論點。

那家公司裡，除了有全由菁英人才組成的團隊，另外也有錯誤百出的魯蛇們組成的團隊。

魯蛇團隊的主管時不時就發飆咆哮：「你們就是這樣，所以才會是魯蛇！」那位主管從頭到尾都把下屬視為魯蛇，而被當作魯蛇看待的下

屬，也就越是表現出更窩囊的那一面。

相對地，若要問到帶領菁英團隊的主管是個什麼樣的人，我只能說這位主管不僅是個誇讚組員的高手，還時常將這樣的話掛在嘴邊：「我說啊～有這群組員真是我的福氣。我對這些工作全無長才，不過還好有大家幫我。」

另外，「大家真的太棒了！」也是那位主管的口頭禪；於是下屬們就真的毫不掩飾地將自己最好的那面展現而出。

看到這個例子，我才發現到**「喔？原來是這樣啊……把對方放進什麼樣的箱子裡，對方就會跟著改變呀！」**

如果我們以「優秀」的前提來看待對方，「這個人的優點在哪裡呢？」自然就會在最初採取發掘對方長處的觀點來行動。然後就會像拔芋頭一樣，順著藤蔓不斷地找出對方優秀之處：「他／她有這項優點」、

「他／她也有這種魅力」等。

「他／她會顧慮到周遭事物的這一點很棒！」

「無論託付他／她什麼事，總是能快速得到回覆，而且馬上付諸行動。」

只不過是換個想法來看待，而對方卻更加地體貼別人、及早採取行動，人際關係方面也會愈來愈好。

⌛以我們最真實的面貌、最自由的姿態活出人生吧！

如同前述內容，**長久貫徹人際關係的整頓，我們將會更自由，今後也不會再因為人際關係耗費心力。**

很有意思的是，我們若活得愈自由自在，無論是熟人、還是新認識的人，周遭的人都會配合我們，並以我們為中心。

如果我們能給別人這樣的感覺：「這個人就是這麼自由自在啊！」

那麼別人就不會把自己認知的常識硬塞給我們，或是把自己的框架套在我們的身上。

我們真的不需要再為了人際關係而忍耐。

所以，**我才會建議大家要整頓人際關係。**

雖然我這麼建議，但是「人際關係如此複雜，我很擔心能不能妥當地整理？」、「如果是這種情形，要怎麼整理才好呢？」或許還存有不少疑問吧！

因此在接下來的第五章，我將會為大家介紹一些個案研究。

Chapter 5

「人際關係整理」個案研究

進一步理解何謂整理

在整頓人際關係的過程中，說不定會有一些疑問產生，例如：「這種情形要怎麼做才好」、「這樣做妥當嗎」等等。

因此，為了讓大家能進一步瞭解人際關係的整頓，本章內容將舉出實際的例子並輔以解說。

像是關於自身事務、人情義理上的來往、社交性質的來往、工作關係、朋友與團體、小孩與家人、戀愛與特殊關係，本章將會針對「什麼時候該使用什麼方法」提出建議以供大家參考。

把自己放在第一順位

⌛【我最重要】只要考慮自己

在「人際關係的整頓」上，「我最重要」可說是其中的關鍵，同時也是整頓的基本思考方式。

無論是誰，每個人都只會考慮到自己。「我總是會考慮到他人」，這種人是不存在的。

連我們考慮到他人的時候，都會連結到發生在自己身上的事。不管涉及世界情勢、收看新聞等，我們看待這些事情時，大都採取是否與自己有關的視角。

生存中僅會考慮到自己的，就是我們人類。

既然所有人都無一例外地只考慮自己，那我們大可光明正大地將自己放在第一順位。

「怎麼可以只考慮到自己，絕對不行！」、「別再這麼任性了。」會對我們說這些話的人，只是要把我們壓下去罷了。

那些人的真實心聲是：「你要多考慮到『我』！」、「我希望你重視『我』。」

那些人之所以會那麼說，只是一種為了讓我們聽話的手段，我們完全無須跳進那些人挖好的坑。

⌛【真實自我】若被人否定當作廢材就該離開

整頓人際關係的目的是在於，展現出真實自我風貌，自由自在地生活。

以真實面貌、自由自在的態度生活，這意味著我們沒用、很廢的部分也會隨之顯現。

雖然想活得自由自在，但要是被人家看到自己不討喜的地方，會不會招人討厭呢？說不定也有人因此覺得不安。可是，那些只**看到我們缺點便轉身走開的人，即表示這些人原本就不是會跟我們在一起的人。**明明跟我們原本就無緣的人，我們卻要為了不讓這些人看到不好的那面，而去努力、顧慮對方或忍耐，來維持彼此的緣分。

類似這樣的關係，倒不如將它整頓起來，心裡還比較痛快不是嗎？像這種無法與真實的我們來往相處的人，最好趁早把他們放進「生命過客箱」，並默默在內心拉開距離吧！

人情與社交

【人情義理上的來往】不來往也活得下去

浪費我們的生命時光、又為我們帶來壓力的，就是「人情義理上的來往」。

賀年卡就是其中之一。「生命過客箱」裡的人，每年都會寄賀年卡來，倘若自己不回寄賀年卡又會很失禮；因為這點理由而回寄賀年卡的人，應該也不在少數吧！

當然，不再寄送賀年卡是ＯＫ的。

我自己的話，當然是沒寄出半張，更別說回寄了。

以前我也是拼命地寄賀年卡，要是收到我寄漏了的人寄來的賀年卡，我便會慌張地緊急補寄給對方。但是在「整頓了人際關係」之後，我就再沒寄過賀年卡了。

幾年下來，我持續不寄也不回，漸漸地便不再有人寄賀年卡過來。因為大家後來認知到：「這個人是不會寄賀年卡的」、「他是不會回寄賀年卡的人」，對我也就沒有了賀年卡的期待。

即使沒收到賀年卡，也完全沒有任何困擾；所以，今後我還是打算照這個模式繼續下去。

在以前網路等通訊技術尚不發達的年代，藉由信件或賀年卡互相確認對方的狀況，確實有其意義；況且，如果來往的人數又有限的話，也不至於會有太大的負擔。

然而，如同本書第一章內容提及的，由於現今社群通訊軟體的普遍，人情義理上的來往人數只要一陣子放著不管，數量似乎就會超載。所以若不適時從某個程度劃清界線的話，只會受盡苦頭。

總之，**對於那些僅在人情義理上來往的「生命過客對象」，很重要的一件事情是：要無限制地刪去花在這些人身上的時間。**

【社交性質的來往】要不時質疑規矩禮儀和常識

「那個人回信速度很慢，真是沒常識。」

「印章怎麼會蓋得這樣歪七扭八的，有夠失禮。」

人活在世界上，會被各種規矩禮儀和常識束縛。有時候，這也會限縮了人際關係。所以，即使是**平時大家認知的規矩禮儀和常識，也並非都是絕對的。**

在我還是系統工程師的時候，為了工作拜訪過很多家公司。令我訝異的是，**每家公司所認知的常識和商業禮儀截然不同。**

例如，某家公司有一種文化，就是大家口頭討論完工作，隨後還要再傳一封彙整工作內容的郵件過去。

但我那時不曉得有這一件事，結果被主管唸說我沒傳信件。當我向那家公司的人確認傳信原由時，那人一臉驚訝，並抓來一位菜鳥員工問道：「他連這種事也不曉得，這不是一般常識嗎？」尋求別人的贊同。

那個菜鳥員工使勁地點頭回答道：「是這樣沒錯！」當時走遍了各家公司的我，還是第一次聽到這種「常識」。

「知道這種事是理所當然的吧？」、「這是常識！」諸如此類被深信不疑的事情，往往都只是當地規則，或是自家規矩罷了。

所以我們沒有必要去配合別人單方面塞過來的當地規則；同時，也完全沒必要去責備，無法配合那種自家規矩的自己。

【貢獻他人】到底是為了誰而貢獻

有一種人已經深植了「要讓對方心情愉快、要說對方喜歡聽的話」的概念；因而**「一定要取悅對方」、「必須端出笑臉」之類的事，在無形中變成了自己的行動準則**。

對方能因為我們而擁有好心情，這件事本身是很棒的；不過，如果是「為了對方」，就變成了一種強迫性的觀念。結果，**最後淪為察言觀色**的情形應該也是不少。

這麼一來，倘若對方心情好，自己就得以安心；要是對方心情差，就變得自己要捏把冷汗小心看對方臉色。

讓自己活得這麼辛苦，一點意義都沒有。

如同前述，我以前是一個有「想取悅對方」意識的人。不想被對方討厭的想法非常強烈。

學生時期，我就想以好成績來博取父母親的歡心。出了社會之後，也是抱著「想讓客戶高興」、「希望客戶事業更順利」、「希望對方的人生變得更好」的心態工作。

不過，在我把人際關係歸零再重新開機的當下，發現了「某一件事」。**其實無論對方高不高興，我對那種事根本就沒興趣。**所謂的必須取悅對方，也只不過是自己的一種生存策略而已。**讓對方心情愉快這件事只是一種手段，為的是要讓自己能在心中獲得安全空間、產生安心感。對方是好是壞，說真的我並不在乎。**

證據就是，如果我在工作上真的有考量到客戶的福利，那在賣出商品或服務之後，我應該後續追蹤那位客人的情形才對；然而，我卻不曾做過。

只因為客戶是付錢的人，所以我才會在意；而且我原先也一直認為：「會為他人著想的人，才是優秀的人。」實際上，就只有這樣而已。

由此延伸到本書開頭曾提及，我在座談會的開場白。也就是我對著眼前排排坐的學員們開誠布公地說：「我啊，對在座的各位一點興趣都沒有！」

不再試著去取悅別人之後，我現在不但能夠把將**對方心情的好壞與否，和自己提供的事物做區分，也更能以客觀的態度來看待後者。**

這當中很有趣的是，學員們也自然而然地跟著改變。

在此之前，學員們有時候會專程跑來我面前，表現出一副「開心高興的樣子」、或相反地表現出「心靈受傷的樣子」。

然而，當我對他們的表現漸漸不再有任何反應時，學員們才又再次聚焦於我的講座，從中去獲取他們想得到的結果和希冀的事物。

實現了能在直言不諱的基礎上進行溝通，讓講座的效果和滿意度隨之提升。

【霸凌騷擾他人者】捨棄對方有攻擊性的成見

霸凌與騷擾是一個非常棘手的問題，不過**「箱子理論」仍有可能成為解決問題的助力之一。**

我自己本身從小學五、六年級開始，到國中三年級左右，就曾經遭到霸凌。

被打被踢不但是家常便飯，椅子上被放了圖釘、隨意拿走我的物品等，在這裡無法寫出來的各種事情都有。

從學校回到家，黑布做的制服都變成白了。因為上面印著許多被別人踢的腳印，所以才會變成白色。

學校的老師不但不管，還用一種類似「會被霸凌是你自己不好」的態度來處理這件事。

那時的我當然非常煩惱，心裡一直想著，為什麼只有我遇到這種事，並且時常在心裡詛咒霸凌我的人。

升上高中之後，我極力地想改變這種情況。於是，便開始觀察周圍的人。

觀察的重點是：「某些人會遭到別人霸凌，但某些人卻不會，其中的差異到底是什麼呢？」

起初我以為，是不是那種看起來手無縛雞之力、打架也很弱的人才會遭到霸凌，然而事實並非如此。即使有些人身材矮小瘦巴巴，也沒有遭到霸凌；倒是體型魁武的大個兒，反而遭到別人的霸凌。

在持續觀察的過程中，我發現了一件事：只要某人的手一舉起來，我瞬間就會嚇一跳。不管是A同學舉手、B同學抬腳、C同學稍微動一下……**「他是要來欺負我嗎？」我都會反射性地像隻驚弓之鳥的不安。**

當時的我，把所有同學都視為「是要攻擊我的人」，同學們全被我放入一個巨大的「霸凌箱子」裡。

在上一章中我曾經提過，一旦把對方放入「霸凌箱子」裡，對方就真的會過來欺負人。我因此瞭解到，當自己表現出膽怯懦弱的態度時，便會漸漸地誘發出對方心中的使壞因子。

當然並非所有人都如此，具有霸凌他人特質的人才會那樣。他們明明不會去攻擊別人，卻只對我顯露出霸凌的那一面。

我於是先把對方從「霸凌箱子」裡取出，並將他們視為「普通人」，也就是把對方移轉到不同的箱子。然而一時之間，我的意識還無法馬上切換過來，但在多次試行之中，也就能慢慢地適應了。

可是，僅更換箱子是不夠的。有必要同時消除出於本能反射性的緊張感。

因為對方光是待在附近，我就會下意識覺得：「他們是不是要過來對我做什麼？」身體也自發性地有所戒備。所以我便刻意地讓自己不要做出反應。

雖然內心依舊驚恐不安，但我已經不會再把這種感覺表現在態度上了。持續下來後，身體也自然地不再有反應。

如此一來，我不再感覺到對方會造成威脅。

於是，對方後來也沒再霸凌了。換句話說，就是對方不再對我顯露出攻擊人的那一面。

不可思議的是，當我捨棄掉「別人會來攻擊我」的既定想法，並且這麼想著「他們既沒有要加害於我，也沒有要來攻擊自己，所以沒道理會惹人厭。」當想法一旦轉變，現實隨之改變。

當然了，並不是所有的霸凌都能用這個方法解決，這終歸只是我個人的經驗。如果是孩童間的霸凌，先決條件應該還是要找大人、適合的機構等諮詢商量。

不過，大人的世界中也存在著霸凌和騷擾。屆時，這個方法就非常值得一試。

職場與同事

⌛【客戶】勿忘從中獲取「利益」

聽過許多人的分享之後，我感覺到有很多人，在面對與本身有利害關係的對象時，會誤以為自己對那些人懷有好感、或是尊敬對方。

這是個很容易令人混淆的地方。可以說，幾乎跟工作相關的人際煩惱大都源於此處。

假使從對方那裡獲取到的利益，直接與我們的生活相關，那麼要把對方放入「生命過客箱」裡，就不會是一件容易的事。

要是以「不在乎的態度對待」對方的話，我們的生活就會受到威脅、導致名聲下滑、無法獲得收益等，並因此感到不安。

所以，我們才會一直以為對方很重要，我們是喜歡對方的。但只要彼此的**利害關係愈深，就會愈搞不清楚自己的心意和真正的想法。**

我們能從「有利害關係的對象」那裡看見一個**「謊言箱子」**。

當箱子綁定了「那個人做人真的很好」、「因為那個人當時真的很照顧我」這些情節。我們會因為離不開這些故事，而看不見自己的真正心意。

如果遇到這種情形，就先重新檢視這段關係。

首先，請試著在意識中把那位客戶放入「生命過客箱」；並同樣在意識中，將那只箱子束之高閣吧。

藉著這個動作，自己的心意會更加清晰。

「哎呀，原來那個人是生命過客箱子裡的人啊！」倘若能瞭解這件事，接下來就要聚焦在我們想從對方那裡獲取什麼利益。**優先配合自身的需求並從中獲取利益**、只採取為了利益的行動。再加上，不能放入真心、也要把感情放一邊。

既然我們只想從對方那裡獲取利益，就該以相應的方式與對方來往。

【拒絕不了的應酬】明確目的，進行切割

本書前文內容曾經提過，與「人生過客箱」裡的對象來往相處時，第一優先將接觸點減至最小程度。大家最常問我的案例是：「拒絕不了應酬的邀約」。

「要是不去應酬，我的考績就會下滑」、「萬一出了麻煩，責任就會往我身上推」等，諸如此類的實例樣版，令人即使想拒絕不去都不行。

強迫別人參加應酬、或根據應酬參與度來降調考績等動作，原本就是一種職場霸凌，也屬於違法行為。

然而，這種作法今日仍四處橫行也是一項事實。

若躲不掉只好參加的話，通常會是這種模式：被迫當主管喋喋不休的聽眾；為了不破壞現場氣氛，配合周圍的人假裝自己也樂在其中的身心俱疲。要是有人跟我一樣不會喝酒，處在這種情況下，應該會更痛苦吧！我也曾經當過上班族，那種氣氛我能切身理解。

首先，這一類的主管只能放進「生命過客箱」。當放假時還陪那種主管出遊、離職後也得陪喝酒等苦差事——我想大家應該都不願意吧！所以對方根本就是「生命過客對象」。

如果你我的認同一致，那麼就試著採取「從對方身上，鎖定我們想獲取的利益」的觀點，來重新檢視與那位主管的關係。也就是說，只考量自己的利益即可。

再者，本書前文也提及過，對於放入「生命過客箱子」裡的人，其交際的訣竅之一是：「別放入真心」、「把真心丟了」。若論真實心聲，即使那位主管被公司開除、或是醉倒路旁沒人理，也都與我們無關。

在前述情況下，我們想從職場獲取的利益大抵會是「考績優等」、「薪資」、「獎金考核」吧。**倘若大家已經下定決心「我就是想要這些」，那麼基於這點，你要做到無情冷血，維持一種「與該位主管的關係，僅止於獲取薪資的關係」就好。**

重新檢視過雙方關係之後，**結果就算仍然去了應酬，我們非但不會再使用真心對待那位主管，也能夠像機器人般地與其相處。**

雙方之間的關係，大概就是維持在一種：**淡薄情感地只做最起碼的事（也包含參加應酬）。**

朋友與團體

【朋友】認清誰是我們真正想重視的人

當我們一進行人際關係的整頓，幾乎所有人都會進到「生命過客箱」裡。這麼一來，朋友不就變少了嗎？應該也有人會因此感到不安吧。

朋友的話，基本上只要有一個就夠了；在某些情況下，一個人都沒有也無妨。

很多人常炫耀自己：「我有很多朋友。」可是，那真的是朋友嗎？抑或「只是純粹認識」而已呢？

縱使在整頓之後，結果幾乎所有人都成了「生命過客對象」，也是完全ＯＫ的。

就像書中前文提過的，假使我們身邊「幾乎所有的人都是生命過客對象」，這樣**反而能認清楚誰是我們真正想珍惜的人。**如此的話，我們也才能夠開始去重視自己真正想珍惜的人。

⌛【團體聚會】只追求自己想獲得的快樂

參加活動或企劃專案時，或許會遇到一種情況：內容本身很有趣，很想極積投入，可是「一起參加的人卻很難搞」。

這就表示，那個一起參加的人是「生命過客箱」裡的人。

雖然想從參與中獲得「活動帶來的樂趣」等好處，但是和那個人的關係卻不甚愉快；這一類的案例實屬稀鬆平常。

此外，這一類案例的某些部分，有時候也會被搞混。

例如有一種情形，就因為對方是跟自己一起熱情參與這項活動的人，於是我們便把對方放入「結伴同行箱」裡。可是，仔細琢磨過自己內心的感覺後，竟然發現是「活動本身很有趣」，而不是「與對方在一起很快樂」。

所謂的「結伴同行對象」，是即使不處於某個活動或情境中，我們仍然感覺「與這個人相處起來很快樂」。

就算只是在咖啡廳喝杯飲料，也會讓人感覺愉快的人。

如果某個活動或情境不再，我們就不想與對方來往的話，那麼對方

就是屬於要放入「生命過客箱」裡的人。

倘若我們可以自覺到，自己的目的是在獲得參加活動或專案企畫的樂趣，這時自然能夠看見自己想以什麼方式與對方來往。然後**別放入真心，只在那個接觸點上建立關係。**

純粹只追求自己能夠獲得的快樂，也沒有關係。

想讓對方覺得愉快，是沒有必要放入真心的。不過，若從策略性的思維來考量，假使讓對方擁有愉快的心情對我們很重要，那麼就該採取相應的作法。

某些人也許會覺得：「這樣的做法對人家不好意思吧。」但事實上剛好相反。

當我們選擇以策略性作法來取悅對方的時候，你**反而能放手發揮出十二分盛情款待的精神來。**

要是我們取悅對方的策略性作法太過成功，對方有時候會因此對我們產生額外的好感；倘若又給對方一種彼此距離感很接近的錯覺，對方便有可能會從中產生誤會。然而，來自於「生命過客對象」的好感，是「可有可無」的。「他／她有喜歡我呀！」我們只需要停留在這層面的認知就行，不再深入。

那是因為不在我們想獲取的利益範圍內，都是不必要的。所以即使對方喜歡我們，我們也不用為此感到心動。

當「生命過客對象」帶著好感，來邀約我們一起喝咖啡或吃飯時，拒絕方法就如用本書中前文介紹過的「角色扮演」。你可以藉由代入設定好的角色來應對：「我原本就是一個不愛跟別人去喝咖啡的人」。

接下來只要因時制宜，創造最適合的角色與其相處就可以了。

小孩與家人

【小孩】暫時從父母親的義務中抽身

有時候，那些正在帶孩子的爸媽與我談話時會說：「在小孩子長大之前，我無法做自己喜歡的事。」

之所以會產生這種煩惱，是因為有「父親」、「母親」箱子的關係。然後，爸媽們又把綁定在箱子上的規則：「做父母的就該有做父母的樣子。」隨身攜帶。

同時，從孩子出生之後，就把孩子放入「小孩箱子」裡也會有影響。所以首先要做的就是將孩子從「小孩箱子」裡取出來。

如此一來，當父母親的人**應該就會發現，自己對孩子有一種「不得不」的義務感。**

對孩子的義務感一消失，就能夠只把孩子當成一個普通人來看待。

單純地把孩子當成一個普通人看待時，自己會有什麼感覺呢？此時就跟著感覺走，然後把孩子放入新的箱子吧。假使感覺到的是「生命過客」，就還是先暫時把孩子放入生命過客箱子。接著，再以客觀的態度拉開距離遠望，之後便能看見自己真正的想法。

【家人】對生長家庭帶來的影響要有所自覺

所有的人際關係中，影響我們這輩子最大的，就是我們**出生長大的家庭。**

父母親或監護人是「關係箱子」的雛型，由於這種箱子在我們懂事之前就已經形成了，因此可說是最難看見的箱子。「家人箱子」造成的影響明明如此之大，我們自己卻無法自覺，所以這種箱子堪稱是最難應付的箱子。

如同我們父母親本身也是受到自己父母的影響；這當中也有歷史悠

久的箱子，綁定著代代傳承下來的規則。

即使是我們的父母親，跟自己仍然是不同的個體。無論是世代、性格、經驗等……，如果要認真算起來，這些不同點是無窮無盡。

就拿我的例子來說。我們家吃完飯後習慣先泡杯咖啡或茶，大家休息一下順便享受團聚時光。

我要說的這件小插曲，發生在剛結婚時。某天吃完晚餐之後，我依然維持著老家的習慣，正想「呼～」喘口氣休息一下，卻被妻子唸：「你怎麼那麼悠閒？晚餐要是吃完了，桌上的東西要幫忙收拾乾淨喔！」當時我內心瞬間驚慌了一下。向來習慣晚餐之後先稍作休息的我，簡直不敢相信要先收拾桌上。

後來當我有機會去妻子娘家吃飯時，才注意到自己家和岳家的差異。飯後馬上把餐桌收拾乾淨，是妻子娘家實行已久的傳統。

這件事並沒有對或錯之分，只是雙方的家庭文化和習慣不同而已。現在我要是吃完飯，就會快手快腳地收拾餐桌。整理完之後，家人再一起悠閒地喝杯茶；這是融合了雙方舊家的傳統，創造出只屬於我們家的新習慣。無論是對我，還是對妻子，相處起來都是最舒服的感覺。

很多人會隨身攜帶著在自己生長環境中形成的「家人箱子」。這些箱子裡的規則，即使適合父母親，卻不適合我們。因此，**重新設計一個為自己量身打造、感覺起來最舒服的箱子**，不管對我們本身、或是對一起進入新生活的伴侶，都是很重要的。

戀愛與特殊關係

⌛【戀愛】創造只屬於兩人的獨一無二關係

如同前文所述，**戀愛這個領域，是很容易產生出非常多個束縛人的箱子。**

雙方交往的時候，不僅會把對方放入「戀人」、「男朋友」、「女朋友」等箱子，更會**無意識地在箱子裡綁定一些規則，例如：「如果是我的男朋友（女朋友），就該為我做這一類的事」**。

由於那些規則是我們自行制定的，要是對方無法回應期待，通常不是感到失望，就是會因此責怪對方。

之後結婚，我們就會將對方移轉到像是「家人」、「妻子」、「丈夫」等箱子裡；不過從這個階段開始，那些規則才漸漸地浮出檯面。

戀愛在人生中所占的權重愈大，對於戀愛對象的期待就會變得愈高，如果期待沒有被滿足，心中所受的傷害也會愈深。肇因於對規則認知的差異，雙方的關係將有可能走向艱險。

正因為對方是我們珍惜重視的人，所以不用「箱子」來看待事情是很重要的。把對方從「戀人」、「男朋友」、「女朋友」等的箱子取出來，當成「一個普通人」看待，並同時創造彼此都能舒服相處的規則、生活節奏和文化吧！

⌛【莫名有好感的對象】靜候時機別勉強接近

雖然自己對某個人非常有好感，但對方看起來卻對自己一點興趣都沒有……

類似這樣的情形，該怎麼做會比較好呢？

所謂的「莫名好感對象」，不必然會在彼此「相遇的那一瞬間就十分投緣，並進而深化關係。」也許有的時候，對方對我們並不感興趣。「現在應該還不到時機吧？」、「先暫時擱置一旁好了。」此時，能不能轉個念頭，就是一個重點了。

正因為我們自然而然地對對方產生出某種好感，所以他／她才會是「莫名好感對象」。

「莫名好感對象」會讓我們感受到「現在應該與這個人保持目前的距離」，能不帶猶豫的迅速抽身，也不用急著下結論，而是靜候時機。

我們同時也能夠平心靜氣地看待當下的狀況——即使目前沒有具體的接觸點，但因為堅信將來會在某處建立起關係，所以現在沒有產生任何火花亦無妨（如果無法保持冷靜，就先暫時將對方放到別的箱子）。

當我們意識到這些特點後，就能夠分辨誰是要放入「莫名好感箱子」裡的人了。

Chapter 6

命運掌握在自己手中

意想不到的相遇正等著我們

「一見鍾情」的離婚率較低？

第三章的內容中曾經提過——我們與放進「莫名好感箱」的對象，會形成一種「共創美好事物的關係」。

「莫名好感對象」也是我們的「命定之人」。因為我們和對方之間，會產生出某一種同步性。

所以本篇內容希望和大家一起思考，我們要如何與命定之人建立起關係。

根據美國一份調查報告指出，美國的平均離婚率一般而言約在50%左右。不過，據說在男方一見鍾情之下的結婚，離婚率在20%以下；由女方一見鍾情的婚姻，則離婚率更是意外地僅在10%以下。

簡單來說，**如果夫妻是因為一見鍾情結婚，有八到九成的人不會離婚。**一見鍾情的狀態，是在了解對方的人格、個性、生活型態、興趣、價值觀之前，就受對方吸引，**與本書中定義的莫名好感對象可說是如出一轍。**正是這樣的對象，才能成為人生中最重要的夥伴。

在我公司擔任理事的女同事，就遇上了類似的事情。

聽說，有一天這位女同事遇見了某個男性，但沒想到就在相遇的當天，對方竟然跟她說：「請以結婚為前提和我交往。」女同事當下很困惑，覺得「這個人到底在說什麼呀？」結果還是答應了對方的請求開始交往，然後便一路從交往發展到步入婚姻。

自從那之後已經過了八年，兩人現在除了有可愛的孩子為生活加分，連工作方面，也都是互相應援合作的好夥伴。

這種關係，正與「命定之人」的概念不謀而合。

打破常識的震撼性存在

「莫名好感」，就是毫無條件地被對方這個人本身吸引。同時還會產生胸口莫名地撲通撲通跳、心情沒來由地雀躍不已之類的反應。

有的時候，還會發生一些不可思議的現象。例如：一和對方說上話，眼淚便自動湧出、感動的心情久久無法消失、一種別人都沒有的亢奮感不斷持續等。

自己為什麼會在意對方呢？於是為了找出原因，而想要與對方建立起關係。試探性的問對方：「要不要一起做點什麼呢？」只不過是個藉口，而是「我要和他／她共同創造某些事物」的想法變得更加重要。

在這種對象當中，有些人還會破壞自己一直以來的固有的價值觀。

就算想根據一般常識範圍將對方「放入某一類的箱子」，但是那個箱子不僅無法容納，還會遭到破壞。

而且不僅是破壞，對方甚至讓自己製作出新的箱子。這份感覺就像是自己和他／她共同創造出了一個新世界。

究竟又會和被放入「莫名好感箱」裡的人產生出什麼關係呢？現在就跟著下文來找找看吧！

⌛ 期待與對方擦出火花並創造事物

首先，**專注於與對方說話時的感覺上**，例如「心情很興奮」、「覺得很快樂」等。

其中也包含了情緒特別亢奮、或格格不入的部分等，就是要試著從整體來進行觀察。

此處的重點是，**不要把對方套到既有的框架中。**

前述已提及過：「莫名好感的對象，是會破壞我們原有箱子的對象。」所以，我們不是要把對方套到框架中，而是要去發掘我們和對方之間，會擦出什麼火花、創造出什麼。**類似於重新再設計一段關係。**

「我與對方之間，會有什麼樣的對話發生呢」、「會出現什麼樣的情緒呢」……對自己提問的同時，持續進行觀察，從某個時候開始，我們自然就能看見彼此之間創造出來的東西。

就算沒有辦法馬上發現也無妨，放寬心情莫慌張。

像我的話，有一起出書的夥伴、在網路社群同樂的夥伴、攜手養兒育女的夥伴、在哲學類領域中互相切磋的夥伴等。

為什麼我會被對方吸引莫名地喜歡他們呢？在與他們建立關係，並且愈來愈同步後，我就自然地看見其中的原因了。

不要把對方套到自己既定的框架中，
而是要重新設計雙方的關係

創造好運的祕密配方

勇敢踏出第一步，讓夢想實現

「莫名好感對象」也是「幫忙實現夢想的神隊友」，我們會與這些夥伴一起做想做的事、共同創造美好。

正因為能夠一起實現夢想，所以愈是喜歡對方，一種恐懼彼此關係加深的情感隨之襲來。

例如：是不是自己單方面會錯意、會不會因為距離太近而打壞與對方的關係、萬一被對方討厭呢、會不小心成為拒絕往來戶嗎……等各種擔心。

如果這種情形發生在「生命過客對象」身上，那麼就算被對方討厭也一點都不打緊。

然而，正因為我們不想被莫名好感的對象討厭，所以才會需要提起勇氣去加深彼此的關係。

不過請大家思考一下，莫名地喜歡對方這件事本身，有一個非常重要又簡單的暗示，就是「一頭栽進去吧！」

所以，**為了能「共同創造未來」，大家要不要試著提起勇氣來，往前踏出一步呢？**

提起勇氣往前邁進，藉由加深彼此的關係，從而創造出新的關係。

過了一段時日再回頭來看，當初為什麼是這個人？為何會莫名被吸引呢？應該就能夠瞭然於胸了。

假使失敗的話，可以從三個方面來考量原因。

第一，對方很單純地不是我們的命定之人。第二，即使對方是我們的命定之人，但「現在」這個時機點不對。第三，建立關係的方式模稜兩可，自己的想法和心意有可能無法順利傳達給對方。

失敗的原因是什麼？請大家深思熟慮之後，再去修補彼此間的關係。

需要相信預感和直覺並靜待時機

我有好幾位朋友，也是在我能夠感覺到對方是「命定之人」之後，才與他們建立起良好關係的。

其中一位，是我之前在社群媒體上就很在意的人。雖然不知道為什麼自己會在意對方，但如同前述，我也因為種種擔心而害怕與對方建立關係，沒能鼓起勇氣送出交友申請。沒想到這期間居然長達了三年之久。

某天，不知道哪來一種莫名的直覺，讓我送出了交友申請。後來對方回覆：「我嚇了一跳！」聽說，對方也剛好有一種預感，覺得我會傳交友申請過去。

我在當下只有禮貌性地跟對方寒暄。此後又是三年過去了，期間我們彼此完全沒有任何互動。

某一次，我剛好要舉辦一場活動，又不知道為什麼突然靈光乍現：**「現在應該是時機了吧！」**我聯絡了對方之後，很意外地，對方一口允諾：「我一定去！」

後來那場活動辦得非常熱鬧盡興。

從此之後，**只要我覺得「時機點對了」，就會聯絡對方一起做些事情。**然後這樣的關係，至今依然一直持續。

我們與真正的命定之人，無疑就是會建立起這樣的關係。

⌛出版這本書的時候，也有這種預感

我有一位夥伴從好幾年前開始，就一直收看我的直播節目。但事實上，我們倆真正互相地聯繫是直到最近才建立起來的。聽說，這位夥伴過去一直有種我們倆之間「應該能創造出一些新事物」的直覺，但一如前述的各種擔心，這位夥伴因此非常害怕直接與我接觸。

不過，正當我著手準備這本書稿內容的同時，那位夥伴早已將過去播出的內容彙整成一份資料。

所以本書的內容，其實是我一邊閱讀那份資料，一邊整理出來的。也就是說，這本書是我和那位夥伴的共同創作。

經過了這件事之後我理解到，**當時感覺那位夥伴身上「似乎擁有什麼內涵」的預感，果然正確無誤。**

與對方之間能創造出什麼新事物，在一切都混沌未明之際，事實上是會令人忐忑不安的。但只要累積了幾次經驗之後，漸漸地也就能夠平心靜氣、沉著的等待了。

⌛取一個貼切的名字吧！

如此一來，倘若我們已經看見與莫名好感對象之間的關係，那麼**為每段關係取個名字**應該也不錯。

我自己的話，則會把每一種關係都取好名字並給定標籤，例如：**「一起舉辦座談會的關係」**、**「一同快樂參與直播節目的關係」**、**「共同組織經營家庭的關係」**等。

不過，這些標籤並非一成不變。

由於「在這個部分與對方建立關係」這件事非常重要，所以即使「這個部分」隨著各個時期的感覺而有所變化，也是無妨的。

我們就一邊觀察著與對方的關係，同時將關係更新為我們覺得最舒服、又能安心的狀態。

緊抓「時機」不容錯過

⌛時機一定會到來

無論如何，我們與命定之人**必定會產生一種同步性，並出現一個「就是現在」的時機。**

我和本書編輯之間的關係也是如此。

目前為止，我已經和多家出版社合作出過幾本書了。在出書的過程中，我當然會和編輯緊密地往返聯絡，拼命地讓書順利出版。

但在一連串工作結束後，自然地沒有再聯絡，對於彼此的近況雖然還不到漠不關心的地步，但平時生活中也不會特別去注意這件事。

接著過了一陣子，有時候感覺來了：「對，就是這個時機！」當我一跟對方聯絡，對方也表示說：「我剛好也想著要跟你聯絡呢！」於是就開始聊了起來。當然了，由對方主動連絡，並且展開話題的情形也是有的。

只要彼此愈來愈熟悉習慣，雙方的時機就會趨於合拍。

⌛努力活在當下，「總有一天」遲早會到來

我們與「莫名好感對象」之間最關鍵的重點在於時機。雖然我們已經知道自己是在意對方的，但要是貿然接觸對方導致彼此關係惡化，那就太可惜了。最糟糕的狀況是，有時候關係會因此自行崩壞。

縱使有預感顯示會產生一些創造性的新事物；不過，那個時機或許並非是「現在」，而是「總有一天」也說不定。

即使覺得，「應該能跟這個人擦出什麼火花」的時候也別心急，「這段關係今後大概會有所發展吧！」先維持觀望的態度就好。或許有時候

會等上好幾年：「可能會在這一生中的哪個階段，一起創造些什麼吧！」抱持著這樣的心態耐心等候也很ＯＫ。就算在日常生活中不把這件事擺在心上也無妨。

或是甚至可以隨緣：「如果有來生，那麼來生再一起共事也可以。」從容地靜候對方就好。

如果可以把心力集中在當下，並跟我們有交集的人一起共事，那麼總有一天「就是這個時機！」一定會到來的。

【Column】

「人際關係整頓術」應用實例②

50＋女性

我覺得「先暫時把所有人全都放入『生命過客箱』裡」的這種作法，非常地恰當。因為從還不是很瞭解對方的階段，就把對放入特別的箱子裡，結果導致了我們對於對方有所期待、或自認為被對方背叛等。

就算被「生命過客箱」裡的人以冷漠不關心的態度對待，自己也完全不會受到影響。從書中瞭解到這件事之後，我的心情就變得很輕鬆。

40＋女性

我已經把自己的人際關係，整理成符合自身的需求。由於知道怎麼分類，所以安心地完成了整理。很高興能夠知道這麼容易理解的方法。我的人際關係，現在變得愈來愈舒服愉快了

40＋女性

我原本就是個很容易為人際關係煩惱的人，但在知道這個概念和思

考方式之後，受到了衝擊！覺得自己到目前為止的煩惱，就像是騙人的一樣。或許往後的日子裡，我可以不用再為人際關係煩惱了。

30＋男性

進行整理工作的初期階段，會需要有區分箱子的意識。不過一旦習慣之後，就能夠無意識地進行分類。而且多虧有這每一個箱子，我親身感受到自己的人際關係壓力已減輕了非常多。

40＋女性

我試著把公司的機車主管放入「生命過客箱」之後，沒想到自己就不會再去計較一些雞毛蒜皮的小事了。我想今後的生活中，我大概能防備某些討厭鬼吸走自己的精力了吧。

40＋女性

自己為何會被放入「莫名好感箱」裡的人吸引，一旦弄清楚其中原因，就會只為了對方再製作特別的箱子；關於這個部分，我非常地瞭解。我覺得自己在這一生中，似乎還想多去做一些自己想做的事。

50＋女性

非常容易明白的人際關係整頓法，而且馬上就能應用到生活當中。不僅讓我有一種人生豁然開朗的感受，心情也變得很快活！

40＋女性

在我畫出「生命過客箱」之後，隨即就把想保持距離的人，砰一聲地丟到箱子裡去了。讓我和對方來往時，也不再裝出一副好人樣，並且還已經能夠態度堅定地與對方相處。

此外，某位我放入特別箱子裡的人，先前有在招募講座的工作人員，於是我便抱著嘗試的心態去參加；後來還出乎意料地，被拔擢為部門的副主管。我這個什麼漂亮頭銜都沒有的人，竟然會被交付這個職務，讓我很是意外。剛開始要與對方接觸時，我也會覺得忐忑不安，不過之後便一點一滴地建立起良好的關係。

60＋女性

以前，我對那種不知道是要來對我吐露內心話、還是要來發洩情緒的人感到很困擾。在透過製作箱子並確定了自己的立場之後，我現在已經能夠毫以無負擔地心情面對那些人了。

50＋女性

只需在心中、不會被他人發現的箱子進行分類，就能夠知道自己對於對方的真正想法是什麼。這也讓我察覺到，目前為止自己耗費的心力都是多餘的。由於運用了「箱子理論」的關係，現在的我在精神上輕鬆很多。

50＋女性

我選擇不去參加公公的喪禮。跟那些可有可無的親戚碰面，我看不出有什麼意義，也不覺得有罪惡感，所以找了個大家都能接受的方式，表示自己不參加。取而代之的是，我只和幾位真正重視公公的人，私底下在喪禮的前一日聚會，就當作是送別公公。

40＋女性

暫時抽離情感、客觀地分類人際關係的這種思考方式，令人有撥雲見日的感覺。

40＋女性

瞭解了要怎麼應付帶給自己壓力的人之後，我心裡就變得很輕鬆。也實際試著去做做看，還真覺得壓力減輕了不少。

50＋女性

以前不管誰邀我出去，我都會給自己理由：「反正也是有空。」然後就答應人家。後來因為新冠疫情的關係，我就婉拒了邀約。多虧有了理由可以拒絕，對方是不是我真正想見面的人，我現在已經會先確認自己的心意之後再去赴約。這當中最大的收穫，便是多了自己的時間。而且我還發現，以前我會強迫自己去赴某些邀約，可是當時卻沒有自覺。事實上，比起想去跟誰見面，我有時候似乎只因為覺得寂寞，或只是想當個隨和的人，所以才會去的。

50＋女性

我當時一直在思考，對方應該是個風趣的人才對。但不知為何，我與對方見面時，卻會覺得痛苦。後來運用了「箱子理論」，才發現自己的分類方法有錯誤。

於是，我不但把對方放入「生命過客箱」裡，更進一步地貼上標籤：「這是我不需要的人。」最後，還斬斷了與對方的緣分。

目前的工作職場中，有一個人感覺上「應該是我不需要的人」。我正好想到再來試看看箱子理論呢。

40＋女性

「整理人際關係」之後，我實際感受到的是，自己過於一廂情願地去要求對方。我發現自己過去有非常多的時候，會把「我希望你是這樣的人」的理想，強行套在對方的身上。

所謂的「莫名好感對象」，應該只是我們在感覺上莫名喜歡對方，而不是因為對方是個「特別的人」，所以才會被吸引的，對吧！

但我察覺到，由於自己先單方面地認定對方：「這個人是特別的人。」後來明明已經沒有感覺了，卻還想硬要繼續這段關係，結果到了最後反而看不見重要的事情。就因為希望對方是特別的，而無法分手說再見，我覺得這樣似乎反倒讓自己受到傷害了。

40＋女性

「就算是家人，但假使他們會對自己造成壓力，那他們依舊是屬於生命過客。」我因為這句話，而得到了拯救。

就因為是家人，所以不得不愛她——長年以來，我一直責備自己，不可以對母親有這樣的感覺。可是對我而言，母親是一個只能放入「生命過客箱」，但我卻不想把她放進去的存在。

雖然剛開始覺得很有罪惡感，不過本書叮嚀著，進行分類時感情先放一邊，淡薄情感的機器式作業也是分類的秘訣。我才得以順利地完成分類工作，真的很感謝！

40＋男性

從結果論來說，我覺得自己現在不但懂得如何與主管保持距離，也能夠冷靜地和對方溝通了。

某個程度上，我已經能夠與不太想和人溝通的主管保持一定的距離。

雖然仍無法完全做到摒除情感，但透過客觀角度來看，我已經能夠冷靜地看待這純粹是工作上的關係，並因此覺得心情輕鬆不少。

此外，我還感覺自己現在也可以理智、冷靜地與主管交流意見，而不是任由對方單方面的指責。

30＋男性

簡單而言，透過人際關係的整理，我覺得自己在人生的這條河上起了變化。除了打通「淤塞」之外，不知何時開始，也活得比之前更愉快了。

過去有一段時期，以創業為志的關係，我為了尋求更多的人脈，於是積極與各領域人士結交。例如，參與當志工等等的活動；如有必要，我還會搭飛機飛去外縣市。雖然明明就沒報酬可拿！

到了某個階段，我覺得人脈應該要有所增長才對，但卻有一種「好像逐漸乾涸的感覺」。當時健康一度亮紅燈。從那個時候開始想著「先歸零再重新開機好了」，並且也就我的人際關係進行了整頓。

這麼做之後，我的心情不僅即刻感到暢快，而且感覺上似乎有什麼東西要啟動。那種感覺就像是乘上了一股「就是這個」，發現新事物的潮流。同時我還覺得「這或許和以往已不盡相同」，人際關係以外的事物，除非必要，否則無需背負與囤積；於是，我也讓自己慢慢地養成放手的習慣。

很幸運地，我的人生河流自此暢通無阻，自己還能夠感覺得到：相遇的時機到了，就能遇到應該會遇到的人。縱使如此，我也不會太過飄飄然、事事全靠他人。因為我發現，只有按照自己的風格行事、遵循自己心的方向行動時，我的這條人生河流才能奮力加速向前。

如今回頭來看，明明只是人際關係而已，但是工作和我們人生的全部，卻是無一不受其影響。

後記

請問大家會在什麼時候，覺得人際關係很煩人呢？

自己的心意和想法傳達不出去、各種雜事一直壓上來；不斷增加的只有「該做的事」，而不是自己想做的事。

我想有很多事情都是這樣的。

以前的我也曾經有一段時期，差點被自己攬在身上的事務壓垮。

但我的意思絕不是指「人際關係本身」令人討厭，倒不如可以這麼說：正因為我過去把人與人的聯繫來往視為是必要的，結果逃也逃不了而一直被束縛著。

我在心底深處也秉持著一種純粹想法，且不斷地持續探求：「能夠真正率直坦誠交流的關係，是不是就存在於某處呢？」

要是大家略有類似我這般的感受，那麼解除掉「心中箱子」的時機，可能已經到來了。

我很榮幸能和古神道專家士御門兼嗣[2]先生、能樂師森澤勇司[3]先生等，精通日本傳統文化的諸位人士密切地交往。事實上，從中我也學習到了很多的東西。

例如，我注意到了，日本人自古以來始終都懷有一種想法：只要能夠擺脫「心中的箱子」，每個人的內在都有一顆「純粹清淨之心」。

如果使用廣辭苑字典檢索「人間」這個詞，第一條解釋即為：「人居住的處所、世間、人世。」

我認為，我們日本人原本就不把人（Hito）視為個人，一直以來在意識中均理解為「人」與「人」之「間（Aida）」。

現在，閱讀這本書的「你／妳（Anata）」與「我（Watashi）」也存在著「間（Aida）」。

同樣的，當「你／妳（Anata）」與「誰（Dare）」接觸的時候，亦總是會產生出「間（Aida）」。

本書內容中，已解釋過「莫名好感」是什麼感覺。「莫名」即是說不出理由，這就意味著其中沒有圖謀或算計，僅存在著「莫名喜歡對方」的這一項事實。

那表示，我們和對方之間是用「心」來感受的。總之，我的想法是，因為我們拿出「真心」與對方來往相處，所以便能逐漸明瞭與對方相遇的意義。

---

2 土御門兼嗣：以深草伏見之秦氏宗家身分，教授推廣承襲自古人的古神道、陰陽道、武術。土御門目前透過御門風流（土御門乾越），把改革人們的意識和生活方式作為初步目標，在日本各地開設體術（空手武術）教室。

3 森澤勇司：日本傳統戲曲能劇的能樂師，擔任小鼓樂手。森澤不僅是國家指定的無形重要文化財「能樂」的繼承保存者，也是日本心理健康協會認定的諮詢師。

在本書的產出過程中，我為了要以真心會書友、用「心」來感受我與作為讀者的「你／妳（Anata）」之間，還為此思考了該如何做才好。

我覺得最好的方法，就是我自己與能夠和我互相「莫名喜歡對方」的人們一起進行實時直播，並且把播出的內容彙整下來。

將直播對話內容做彙整的，也不是「專業工作人員」，而是那些能互相感覺「莫名喜歡對方」、志同道合的夥伴們。此外，一起幫我整理原稿的編輯團隊成員，甚至也很不可思議地，是一群能即時共享感覺意識的人。所以這本書本身，就是由「莫名好感箱子」裡的團隊成員共同創作的作品。

倘若讀者們在閱讀這本書時會被「莫名吸引」，那麼對讀者們來說，這本書無疑就是您註定會遇見的書吧！

當然了，如果讀者覺得本書內容有些地方只能「一知半解」，還請您先安心。

只要掃描下方的 QR code 並登錄姓名和 e-mail，就能收到每三天發送一次的「人際關係整頓」相關資訊。[4]

我們為讀者準備了本書內容，按少量分次傳送，其中編排能讓讀者按照自己的步調回顧、或是落實執行等，敬請務必善加運用。

「人際關係」大概是只要我們活在這個世界上，就永遠需要面對的最大課題吧！

堀內恭隆

本書的內容規劃，旨在能夠讓讀者於各個時間、場合，重新認知「當下的人際關係」；同時也能將其轉化為，對自己而言最舒服愉快的感覺。

如果這本書能夠成為讀者的人生夥伴永陪左右，那將會是身為作者的我的莫大欣喜。

4　本資訊是日文網頁，且有可能無事先預告即中止服務。

人生有限，生命不要浪費在不重要的人身上

改變人生的全新整頓術，
帶你重新認識自己、梳理人際、遇見更好的人

作　　者　堀內恭隆
譯　　者　丁于文

發 行 人　林敬彬
主　　編　楊安瑜
編　　輯　高雅婷
封面設計　走路花工作室
繪　　者　曾小咩
內頁編排　方皓承
行銷經理　林子揚
行銷企劃　戴詠蕙
編輯協力　陳于雯、高家宏
出　　版　大都會文化事業有限公司
發　　行　大都會文化事業有限公司
11051 台北市信義區基隆路一段 432 號 4 樓之 9
讀者服務專線：（02）27235216
讀者服務傳真：（02）27235220
電子郵件信箱：metro@ms21.hinet.net
網　　　址：www.metrobook.com.tw
郵政劃撥　14050529　大都會文化事業有限公司

出版日期　2024 年 04 月初版一刷
定　　價　400 元
ISBN　978-626-98196-4-5
書　　號　Success-099

國家圖書館出版品預行編目（CIP）資料

人生有限，生命不要浪費在不重要的人身上：改變人生的全新整頓術，帶你重新認識自己、梳理人際、遇見更好的人 / 堀內恭隆 著；丁于文 譯
-- 初版. -- 臺北市：大都會文化出版：大都會文化發行, 2024.04
224 面；14.8*21 公分
譯自：人生を変える新しい整理整頓術 人間関係のおかたづけ

ISBN 978-626-98196-4-5（平裝）
1. 人際關係 2. 生活指導 3. 成功法
177.3　　113001869